Ruth Plettscher

WAS *Schönes* FÜR MICH

MIT KLEINEN VERWÖHNPAUSEN UND POSITIVEN INSPIRATIONEN ZU MEHR FLOW IM LEHRERINNENLEBEN

Auer

Gedruckt auf umweltbewusst gefertigtem, chlorfrei gebleichtem und alterungsbeständigem Papier.

1. Auflage 2017
© 2017 Auer Verlag, Augsburg
AAP Lehrerfachverlage GmbH
Alle Rechte vorbehalten.

Covergestaltung: annette forsch, konzeption und design, Berlin
Coverillustration: farbenfrosch, München
Illustrationen: farbenfrosch, München
Layout und Satz: simmerl&frentz, München
Druck und Bindung: Joh. Walch GmbH & Co. KG, Augsburg
ISBN 978-3-403-07985-9
www.auer-verlag.de

Inhaltsverzeichnis

Vorwort

Du hältst ein Buch in Händen, das nur ein einziges Ziel hat: dich glücklich zu machen und dir mehr Leichtigkeit und Freude für deinen Lehrerinnenalltag zu schenken. Es ist ein Buch für Körper und Seele, für Herz und Kopf und für alle Sinne. Es nimmt sich Zeit, Zeit für Kreativität, wenn nicht alles perfekt sein muss, Zeit für das Glück im Kleinen.

Die Ideen und Anregungen sind einfach und spielerisch, aber sie haben großes Potenzial. Es braucht oft nicht viel: Ein einziger erhellender Gedanke kann viel bewirken, dass wir einer Situation ruhiger begegnen, einen Menschen anders sehen, nachsichtiger mit uns selbst sind, einem Konflikt eine gute Wendung geben. Eine simple Übung kann dir helfen, deinen Körper bewusst wahrzunehmen, dir das Quäntchen Energie geben, das dir gefehlt hat. Eine kleine Aufgabe kann große Wirkung entfalten, dir mehr Lebensfreude, Gelassenheit, Kreativität, Achtsamkeit und Freude an der Arbeit schenken.

Du kannst in diesem Buch schmökern, dich verführen lassen, Neues zu probieren, Altes über Bord zu werfen und deine kreative Seite neu entdecken. Du kannst Wissenswertes erfahren, Anregungen ausprobieren, ohne Vorbehalte und ohne Erwartungen. Das Buch begegnet dem Bedürfnis nach Entschleunigung und Reduzierung, der Sehnsucht nach den einfachen Dingen, dem Wunsch nach mehr Flow im Leben.

Was ist eigentlich mit Flow gemeint? Flow bedeutet auf Englisch fließen, rinnen oder strömen. Gemeint ist der Zustand völliger Vertiefung in eine Tätigkeit und das dadurch erlebte Glücksgefühl. Kinder erleben es im Spiel, wenn sie vollständig in ihrem Tun aufgehen und sich ein Unendlichkeitsgefühl einstellt. Der Glücksforscher mit dem unglaublichen Namen Mihály Csíkszentmihályi hat u. a. Chirurgen und Extremsportler beobachtet und daraus seine Flow-Theorie entwickelt. Er sagt, Flow kann entstehen, wenn die Tätigkeit selbst im Mittelpunkt steht, weil sie Spaß macht, nicht die potenziellen Folgen. Dann richtet man seine ganze Konzentration auf das Tun, hat das Gefühl, die Situation zu kontrollieren und alles gelingt scheinbar mühelos, weil die Anforderungen der Aufgabe und die eigenen Fähigkeiten in Einklang stehen. Alles ist in perfekter Balance. Es gibt weder Überforderung noch Unterforderung. Man hat die Gewissheit: Das kann ich! Alles fließt mühelos, ohne Zögern, Zweifeln, Frustration oder Langeweile. Und man ist glücklich in seinem Tun, in diesem Moment.

Ich wünsche dir ganz viele solche wertvollen Flow-Momente mit diesem Buch, beim Basteln und Malen aber auch im Unterricht und beim Korrigieren. Du kannst jederzeit beginnen, jederzeit ohne schlechtes Gewissen eine Pause einlegen, eine Idee aus der Mitte picken und das Buch zurück ins Regal stellen, es wieder herausnehmen und noch etwas ausprobieren. Ideen abwandeln, weiterdenken. Es sollen Inspirationen sein. Alles, was dir gut tut, ist erlaubt.

Nun aber los! Ganz viel Vergnügen!

Fit in den Tag
10 Tipps für einen schwungvollen Morgen

Der Wecker klingelt schrill und unerbittlich, die Nacht war zu kurz, viel zu kurz. Mit schwerem Kopf und die Augen nur einen Spaltbreit geöffnet, schleppen wir uns aus dem Bett und rein in den Tag. Kein guter Auftakt für einen gelungenen Schultag, oder? Wie schaffen wir es, ausgeglichen und positiv in den Tag zu starten und unsere Energien schon früh morgens zu mobilisieren? Befolge die folgenden 10 Tipps und dein Morgen wird golden, strahlend und schön!

Früh aufstehen macht glücklich. Schaffe die Snooze-Funktion ab, stehe beim ersten Weckerklingeln auf, ohne zu zögern, ohne Wenn und Aber. Ausreichend Schlaf ist natürlich eine Grundvoraussetzung für einen schwungvollen Start in den Tag. Erledige deshalb die letzten Aufgaben nicht mehr am späten Abend, sondern am frühen Morgen. Der Tag beginnt ganz in Ruhe, alles schläft noch und du kannst ganz strukturiert, frisch und ungestört die übrigen Klassenarbeiten korrigieren oder schnell noch eine Stunde vorbereiten. Ein erster schöner Haken auf deiner To-do-Liste. Check! Das ist ein motivierender Start in den Tag. Laut einer Forsa-Umfrage stehen ein Drittel der Menschen, die sich als glücklich bezeichnen, morgens bewusst früher auf, um genügend Zeit zu haben.

Abends aufräumen und alles parat legen. Das kennst du doch sicher auch: Du wachst morgens auf und sofort schießen dir sämtliche Punkte deiner To-do-Liste durch den Kopf. Das steht heute an, das muss ich unbedingt erledigen, das darf ich nicht vergessen. Um das zu vermeiden, mache deine Tagesplanung doch einfach am Vorabend. Wenn du den Tag schon strukturiert im Kopf oder alles auf einem Zettel festgehalten hast, dann musst du den neuen Morgen nicht mit Gedankenschleifen und Entweders und Oders verplempern. Räume abends deinen Schreibtisch auf, sodass du morgens direkt loslegen kannst, wenn du noch etwas arbeiten möchtest. Ansonsten packe deine Schultasche bereits fertig. Vielleicht magst du sogar schon dein Outfit am Abend zuvor rauslegen. Mein Ding ist das nicht, weil ich mich gern spontan nach Laune des Tages kleide, aber es hilft gegen langwierige Entscheidungsschwierigkeiten am Morgen und spart Zeit. Auch deinen Lunch kannst du schon am Vorabend zubereiten und bereitstellen. So kannst du dich ganz entspannt auf die positiven Dinge konzentrieren und den Tag ganz in Ruhe auf dich zukommen lassen.

3

Beweg dich! Es muss nicht gleich eine Stunde Joggen sein – auch wenn das ein traumhafter Start in den Tag ist, wenn es sich einrichten lässt – schon ein kurzes Work-out bringt den Kreislauf in Schwung und steigert das Wohlbefinden. Ein paar Hampelmänner und einige Sit-ups oder Liegestützen im Wohnzimmer sind ideal, am besten bei geöffnetem Fenster. Frische Luft ist ein Sauerstoffsegen für dein Gehirn. Eine der besten Fitnessübungen schlechthin ist Seilspringen. Wenn du Angst hast, die halbe Einrichtung runterzureißen, geht es auch ohne Seil. Einfach so tun, als ob du ein Seil hättest, Arme kreisen und mit den Füßen im Wechsel springen.

5

Vor dem Spiegel Grimassen ziehen. Das weckt die Gesichtsmuskeln und macht gute Laune. Einfach mal ausprobieren! Sei ruhig albern, es sieht dich ja keiner: von ganz klein, nach ganz groß, runzeln, dehnen, Zunge rollen, Augen weiten, Stirn in Falten, von links nach rechts … Vielleicht imitierst du den kauzigen Kollegen oder die spitzzüngige Rektorin oder du dehnst und streckst einfach die einzelnen Muskeln deines Gesichts in alle nur möglichen Richtungen und lässt dich überraschen, was du da im Spiegel zu sehen bekommst.

4

Eine kalte Dusche kann dein Leben verändern! Durch eiskaltes Wasser wird auch noch die letzte verschlafene Zelle deines Körpers hellwach. Kalt zu duschen ist für dich eine echte Überwindung? Umso besser! Wir verlassen ungern unsere Komfortzone. Deshalb raus aus dem Wohlfühltrott, stelle dich deinem inneren Schweinehund und nehme die Herausforderung an. Das stärkt die Willenskraft und du wächst über dich selbst hinaus. Während das kalte Wasser auf dich niederprasselt, ist kreischen, prusten und kichern erlaubt. Wenn du aus der Dusche trittst, wirst du dich wahnsinnig gut fühlen, versprochen. Ich muss oft sogar lachen. Solche Erfahrungen lassen sich auf das restliche Leben übertragen. Wenn es mal unbequem wird, denk an die Dusche. Augen zu und durch. Und wie wohlig das Gefühl ist, sich überwunden zu haben und sich wohlverdient in das weiche Handtuch zu kuscheln.

6

Wasser macht munter. Es geht nichts über den Duft von frischgebrühtem Kaffee am Morgen. Aber das erste Getränk des Tages sollte lieber ein Glas Wasser mit einem Spritzer Zitronensaft sein. Das tut gut, weil der Körper nach der langen Nacht dehydriert ist. Allein durch das ruhige Atmen verliert der Körper in einer Nacht bis zu einen Liter Wasser. Ein Spritzer Zitrone bringt die Verdauung auf Trab, ist gut für Abwehrkräfte und Hautbild und macht zudem lustig und wach. Danach kannst du deinen Lieblings-kaffee so richtig genießen.

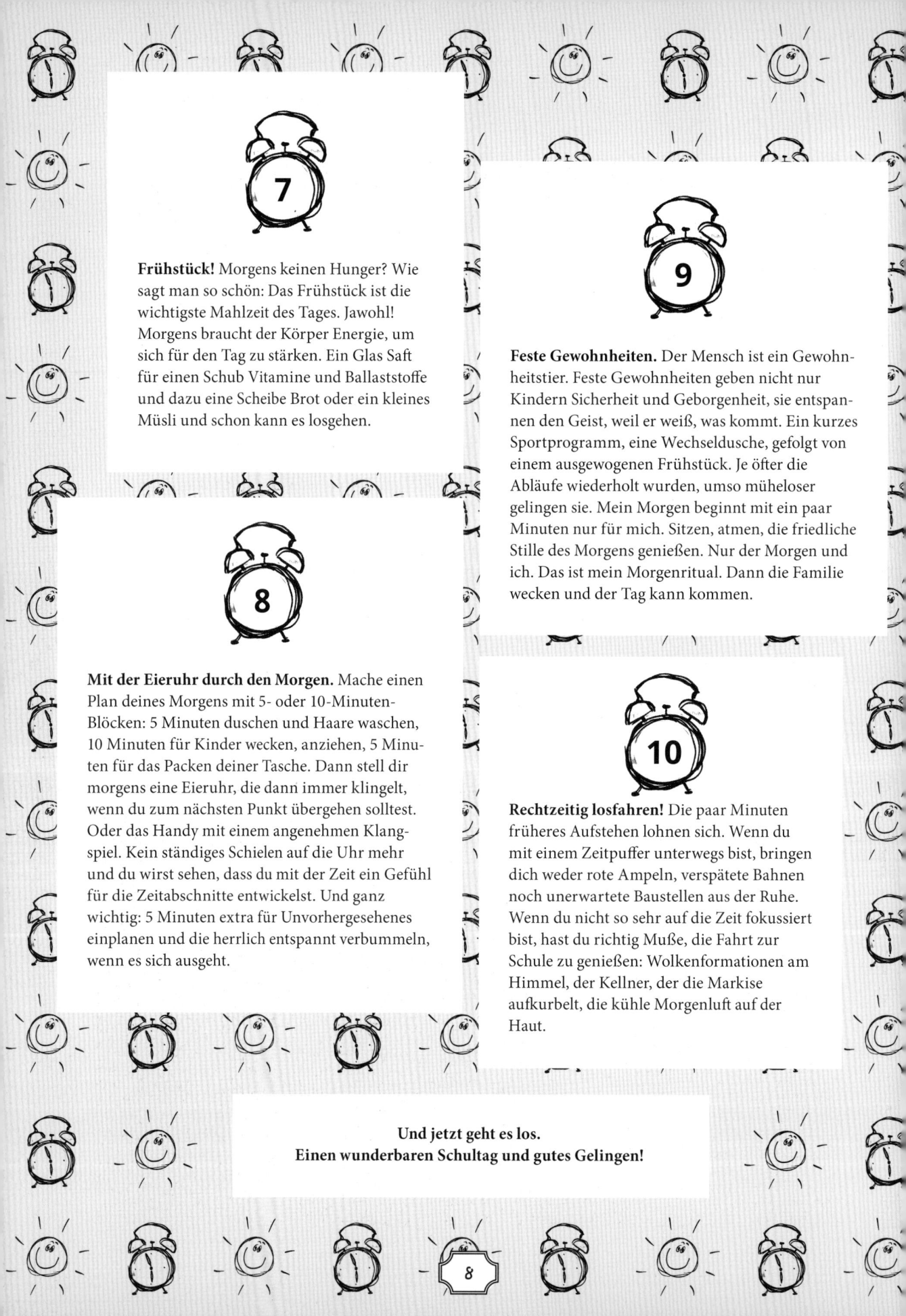

Frühstück! Morgens keinen Hunger? Wie sagt man so schön: Das Frühstück ist die wichtigste Mahlzeit des Tages. Jawohl! Morgens braucht der Körper Energie, um sich für den Tag zu stärken. Ein Glas Saft für einen Schub Vitamine und Ballaststoffe und dazu eine Scheibe Brot oder ein kleines Müsli und schon kann es losgehen.

Feste Gewohnheiten. Der Mensch ist ein Gewohnheitstier. Feste Gewohnheiten geben nicht nur Kindern Sicherheit und Geborgenheit, sie entspannen den Geist, weil er weiß, was kommt. Ein kurzes Sportprogramm, eine Wechseldusche, gefolgt von einem ausgewogenen Frühstück. Je öfter die Abläufe wiederholt wurden, umso müheloser gelingen sie. Mein Morgen beginnt mit ein paar Minuten nur für mich. Sitzen, atmen, die friedliche Stille des Morgens genießen. Nur der Morgen und ich. Das ist mein Morgenritual. Dann die Familie wecken und der Tag kann kommen.

Mit der Eieruhr durch den Morgen. Mache einen Plan deines Morgens mit 5- oder 10-Minuten-Blöcken: 5 Minuten duschen und Haare waschen, 10 Minuten für Kinder wecken, anziehen, 5 Minuten für das Packen deiner Tasche. Dann stell dir morgens eine Eieruhr, die dann immer klingelt, wenn du zum nächsten Punkt übergehen solltest. Oder das Handy mit einem angenehmen Klangspiel. Kein ständiges Schielen auf die Uhr mehr und du wirst sehen, dass du mit der Zeit ein Gefühl für die Zeitabschnitte entwickelst. Und ganz wichtig: 5 Minuten extra für Unvorhergesehenes einplanen und die herrlich entspannt verbummeln, wenn es sich ausgeht.

Rechtzeitig losfahren! Die paar Minuten früheres Aufstehen lohnen sich. Wenn du mit einem Zeitpuffer unterwegs bist, bringen dich weder rote Ampeln, verspätete Bahnen noch unerwartete Baustellen aus der Ruhe. Wenn du nicht so sehr auf die Zeit fokussiert bist, hast du richtig Muße, die Fahrt zur Schule zu genießen: Wolkenformationen am Himmel, der Kellner, der die Markise aufkurbelt, die kühle Morgenluft auf der Haut.

**Und jetzt geht es los.
Einen wunderbaren Schultag und gutes Gelingen!**

Morgenmeditation wirkt Wunder
für einen achtsamen, gelassenen Tag

Ein paar Minuten Stille am Morgen wirken Wunder für einen achtsamen, gelassenen Tag. Ein paar Minuten ganz für dich allein, um dich selbst zu spüren, die friedliche Stille des Morgens zu atmen und ganz bewusst in den Tag zu starten. Egal, wie lange es möglich ist, fünf Minuten oder zehn Atemzüge, ganz wie es in dein Leben passt. Puh, noch früher aufstehen? Diese fünf Minuten lohnen sich, versprochen.

Von außen mag es unspektakulär wirken, doch was im Inneren passiert, ist jede Überwindung wert. Sich selbst zu begegnen ist eine essenzielle und existenzielle Erfahrung. Suche dir einen ruhigen Ort, an dem dich keiner atmen hört, außer du dich selbst. Dein Arbeitszimmer, das noch ruhige Wohnzimmer, im Sommer der Balkon oder der noch taunasse Garten …

Setze dich im Schneidersitz aufrecht hin. Wenn du etwas erhöht sitzt, auf einer gefalteten Decke, einem Meditationskissen oder einem Yogablock, ist es einfacher, mit geradem Rücken zu sitzen. Du spürst die Aufrichtung deiner Wirbelsäule, wie dein Rücken aufrecht ist, ganz mühelos ein Wirbel über dem anderen. Das ist deine Zeit. Du willst nichts erreichen, einfach nur da sein, deinem Atem und den Geräuschen des erwachenden Tages lauschen. Egal, was du hörst, beobachte es aufmerksam und interessiert, ohne dich zu ärgern. Alles ist, wie es ist.

ruhig	der Atem kommt, der Atem geht	heute	den Tag begrüßen	jetzt
entspannt	ich muss nichts tun	horchen	der Atem strömt durch die Nase	in diesem Moment sein
sein	Bauch und Brust heben sich	lauschen	hier	mich beobachten und spüren

Du willst nichts kontrollieren oder steuern, nur beobachten. Vielleicht stellt sich ein Gefühl von Fülle und Wohligkeit ein, vielleicht scheint aber auch die Luft nicht auszureichen und es entsteht Enge. Beobachte es und nimm es zur Kenntnis. Vielleicht stellst du dir ein Pendel vor, das oben am höchsten Punkt deines Scheitels befestigt ist und in dir unterhalb deines Bauchnabels hängt. Du sitzt ganz still, nur der Atem bewegt dich und so schwingt das Pendel ganz sanft und ruhig um deine Mitte.

Im Tagesverlauf schwingt das Pendel weiter aus. Du wirst mit deiner Aufmerksamkeit bei deinen Schülern, Kollegen, auch bei deinem Partner oder deinen Kindern und ihren Problemen sein, bei der Planung des nächsten Schritts in deinem Unterricht, der To-do-Liste in deinem Kopf. Das Pendel schlägt immer weiter aus, das ist normal und soll so sein. Aber das Pendel schwingt immer wieder durch die Mitte. Das ist ein schönes Bild, um sich vor Augen zu führen, dass man sich selbst auch tagsüber im Schulalltag nicht aus den Augen verlieren darf. Meist geschieht dieses Pendeln durch die eigene Mitte ganz automatisch. Aus der eigenen Mitte holen wir unsere Intuition, um Entscheidungen zu treffen. Hier ist der Ort für die Ruhe und Gelassenheit, die wir in fordernden Situationen brauchen. Hierher holen wir die Kraft in zermürbend langen Schulstunden. Das Pendel schwingt meist von ganz allein durch die Mitte, aber es hilft, dies bewusst wahrzunehmen. Dann spürst du deine Gefühle, deine Bedürfnisse, deine spontane Reaktion. Wenn du das wahrnimmst und beachtest, kannst du ganz natürlich im Einklang mit dir selbst leben und arbeiten.

Hilfsmittel. Vielleicht suchst du dir ein kleines Hilfsmittel, das diese stille Zeit am Morgen für dich symbolisiert, sodass du dir diese Ruhe, diese goldenen Morgenminuten, jederzeit zurückholen kannst, wenn es nötig ist. Ein schönes Meditationskissen oder ein Bild, das du an dem Ort aufhängst, an dem du morgens in Stille sitzt. In Gedanken kannst du in deinem Schulalltag immer an diesen Ort zurückkehren und aus der Ruhe schöpfen. Oder du trägst ein Armband, was dich tagsüber zu diesem Gefühl der Ruhe und Gelassenheit zurückholt.

Lass das letzte Ausatmen ganz bewusst ausklingen. Bedanke dich bei dir selbst, dass du dir diese morgendliche Stille gegönnt hast, wenn du möchtest mit einer Verbeugung. Jetzt beginnt dein Tag. Behalte etwas von der Ruhe in dir, wenn du dich anziehst, den Kindern die Pausenbrote schmierst und alles für den Tag zusammensuchst.

Bring Farbe in dein Leben!
Für jede Herausforderung die passende Kleidung

Schwieriges Elterngespräch, unruhige Klasse, schwül-drückendes Wetter. Was ziehe ich an? Wer um die Wirkung der Farben auf Körper, Geist und Seele weiß, der nutzt Kleidung für sich, um die gewünschte Ausstrahlung zu erreichen und sich selbst gut zu fühlen. Mit diesem Wissen stellen sich ganz neue Anforderungen an dein Outfit und du hast klare Argumente, wenn du mal wieder zweifelnd vor deinem Kleiderschrank stehst.

Blau

» Die Farbe des Himmels steht für Ruhe, Vertrauen und Sehnsucht. Wer Blau trägt, weiß was er will.

» Blaue Kleidung hilft gegen Nervosität und Aufregung. Die Farbe Blau wirkt direkt auf den Körper, senkt hohen Blutdruck und lässt die Atmung gleichmäßiger und tiefer werden.

» Bei einem anstehenden konfliktreichen Termin beruhigt die blaue Kleidung nicht nur dich selbst, sondern auch dein Gegenüber. Also, Blau – ein Klassiker für Konferenzen und Elternabende.

» Blau fördert das Durchhaltevermögen und die Konzentration. Wenn du schon weißt, dass heute ein langer Tag mit hohen Anforderungen sein wird, ist Blau die richtige Wahl. Blaues Kleid – kühler Kopf.

» Die Farbe Blau beruhigt und wirkt kühlend, energieausgleichend, sogar schmerzlindernd! Es empfiehlt sich einen blauen Schal bei sich zu haben, um ihn bei Kopfschmerzen um den Kopf zu legen.

» Durch die kühle Ausstrahlung sind blaue Klamotten bestens für sehr heißes, drückendes Wetter geeignet.

Türkis

» Türkis ist eine kühle, frische und junge Farbe. Türkis vermittelt geistige Offenheit und Freiheit, kann aber auch distanziert wirken. Ein Outfit in Türkis ist immer etwas Besonderes und wirkt extravagant.

» Türkis fördert Mut und innere Stärke.

» Türkis wirkt kühl, aber persönlich.

» Türkis stärkt die Abwehrkräfte.

Rot

» Rot ist die Farbe des Feuers, der Liebe und Leidenschaft, aber auch des Zorns. Wenn du müde oder abgespannt bist, gibt dir ein rotes Kleidungsstück einen regelrechten Energieschub.

» Rot zieht die Blicke auf sich und vermittelt so persönliche Stärke und Selbstbewusstsein. In einem roten Kleid fällt man immer auf.

» Die Farbe Rot fördert dein Durchsetzungsvermögen. Forscher der britischen Durham-Universität haben die Wirkung von Trikotfarben bei olympischen Athleten untersucht. Sie kamen zu dem Ergebnis, dass rotgekleidete Ringer in 60 Prozent der Fälle die blaugekleideten besiegten. Der Grund? Rot strahlt Dominanz aus.

» Rot hat eine sinnliche Wirkung, steht für Liebe und Leidenschaft. In der Schule gilt: Rote Kleidungsstücke, mit tiefem Ausschnitt oder zu kurzem Schnitt, sind für deinen Arbeitsplatz mitunter zu offensiv und daher ein No-go.

» Rot kann aktivieren, erwärmen, aber auch erhitzen. Es regt den Kreislauf, den Stoffwechsel und das Immunsystem an.

» Rot wärmt. Im Winter helfen rote Socken oder Schuhe gegen kalte Füße.

» Rot sorgt dafür, dass man länger wach bleibt. Wer abends gerne lange an der Unterrichtsvorbereitung sitzt, der kann gut Rot tragen.

» Zieh nichts Rotes an, wenn du angespannt und nervös bist, denn die Farbe Rot kann Spannungen verstärken. Wähle lieber Blau oder Grün.

Gelb

» Gelb ist sonnig, fröhlich und beschwingt. Es hilft gegen trübe Stimmung und ist eine echte Hingucker-Farbe für Frühling und Sommer.

» Aber auch an grauen, tristen Tagen kannst du mit einem gelben Kleidungsstück oder Accessoire dich selbst, deine Kollegen und Schüler aufmuntern. Deswegen sind Friesennerze, die knallgelben Regenmäntel, auch echte Lieblingsstücke.

» Gelb bringt Dinge zum Fließen, wenn man sich blockiert fühlt.

» Gelbe Kleidung ist appetitanregend und verdauungsfördernd.

» Gelb ist voll positiver Energie und hilft dir aus der Spirale aus Wut oder Selbstmitleid herauszutreten, wenn du gekränkt oder unzufrieden bist. Auch bei Anwandlung von Schüchternheit oder Minderwertigkeitskomplexen wirkt ein gelber Farbtupfer Wunder.

» Klares Gelb steht auch für Wissen, Vernunft und Logik und hilft dir, dich zu konzentrieren und fokussiert zu bleiben.

» Da sie Konzentration und Kreativität fördert und sich positiv auf die Kommunikation auswirkt, ist Gelb eine ideale Farbe, um sie im Klassenzimmer zu tragen.

Orange

» Orange lässt Morgenmuffel leichter in die Gänge kommen.

» Orangefarbene Kleidungsstücke machen gute Laune und helfen, Emotionen in geordnete Bahnen zu lenken.

» Orange ist ein Stimmungsaufheller und steht für Aufgeschlossenheit, Kontaktfreude und Selbstvertrauen. Im Übermaß kann es aufdringlich wirken. Kleider in Orange steigern die Anziehungskraft.

» Orange wirkt anregend und vertreibt Langeweile.

Grün

» Grün ist die Farbe der Natur. Es beruhigt, harmonisiert und steht für Sicherheit und Hoffnung. Jemand, der Grün trägt, wirkt großzügig und vertrauenserweckend.

» Grüne Kleidung beruhigt den Organismus die Gedanken. Grün bringt Körper, Geist und Seele in Einklang.

» Da Grün für Ruhe, Sicherheit und Kreativität steht, sollte es davon mehr als nur einen Tupfer in deinem Klassenzimmer geben.

» Durch Grün werden wir harmonischer und umgänglicher. Wenn du weißt, dass du heute mit Menschen zu tun hast, die nicht so ganz auf deiner Wellenlänge schwingen, trage etwas Grünes.

» Die Farbe Grün stärkt und regeneriert bei Stress und Übermüdung.

Violett

» Violett steht für Würde, Mystik und Schutz. Als Farbe für Kleidung hat es eine festliche, edle und geheimnisvolle Wirkung.

» Die Farbe wirkt beruhigend, inspiriert und regt den Geist an. Wenn du heute Bedarf hast an guten Ideen und künstlerisch-kreativen Lösungen, zieh etwas Violettes an.

» Violett spendet Kraft. Nach Krankheiten empfiehlt sich lilafarbene Kleidung, um wieder richtig auf die Beine zu kommen.

» Violett sorgt für einen klaren Geist, Vertrauen und Geborgenheit. Nicht umsonst gilt die Farbe Lila als Farbe der Spiritualität und Religion.

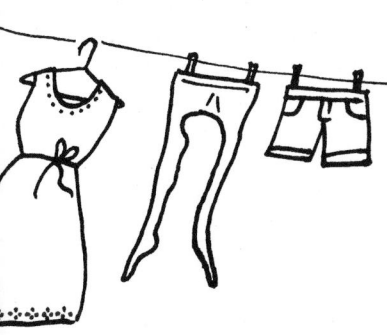

Braun

» Braun erdet und hilft dir, mit beiden Füßen auf dem Boden zu bleiben.

» Schuhe in einem schönen Braunton sind nicht nur ein echter Hingucker, sondern geben dir Ruhe und Stabilität.

» Braun ist perfekt für ruhige, gemütliche Tage.

» Nach Phasen der Anspannung und stressigen Zeiten ist Braun die richtige Erholungsfarbe.

Pink und Rosa

» Pinkfarbene Kleidung ist ausdrucksstark und absolut positiv. Nicht umsonst wird sie in der Farbtherapie bei körperlichen und seelischen Schocks als Erste Hilfe eingesetzt.

» Pink ist jung, weiblich und strahlend. Einen Tupfer Pink verträgt fast jedes Outfit. Und es wirkt auch, wenn andere es nicht zu Gesicht bekommen: Pinke Unterwäsche macht gute Laune, mit pinken Zehennägeln fühlen wir uns schön.

» Rosafarbene Kleidung wirkt dagegen unschuldig, besänftigt und baut Aggressionen ab.

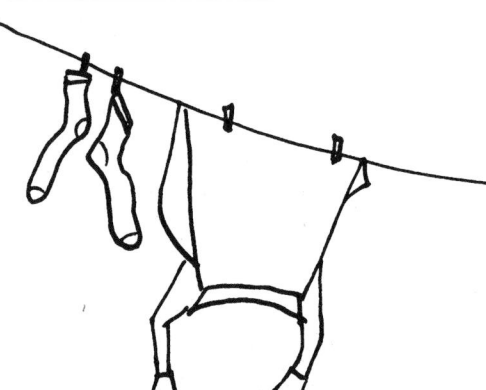

Weiß

» Weiß ist Symbol der Reinheit und Klarheit. Es ist eine magische Farbe, die sich mit jeder Farbe kombinieren lässt, weil ihr Lichtspektrum alle Farben enthält.

» Weiß ist neutral, kann aber sehr chic sein, hell und freundlich, fällt auf und ist doch gleichzeitig dezent. Für dich als Lehrerin, die vor der Klasse immer präsent sein muss, sind weiße Tupfen perfekt.

» Ganz in Weiß gekleidet wirkt man elegant, aber auch unnahbar. Außer als luftiges Sommerkleid, nicht ganz das Richtige für die Schule.

» Kulistriche, Flecken aller Art: Weiß ist natürlich anfällig. Aber in der Drogerie gibt es spezielle Fleckenmittel für jegliche Art Flecken und Schmutztücher für weiße Wäsche. Denn nur wenn sie so richtig strahlt, ist es auch wirklich weiß. Getrennt waschen lohnt sich!

Grau

» Grau ist die Farbe der vollkommenen Neutralität und Zurückhaltung. Grau ist unauffällig und wird auch mit Langeweile und Unsicherheit in Verbindung gebracht. Graue Businessklamotten stellen die Individualität zurück und wirken nüchtern.

» Aber Grau ist auch die Farbe des coolen Understatements. Also nichts gegen ein graues T-Shirt mit nettem Druck.

Schwarz

» Schwarz wirkt in der Mode edel und feierlich. Es vermittelt Seriosität und erzeugt Respekt.

» Schwarz macht schlank und ein schwarzer Rock und eine schwarze Hose, die gut sitzen, sind Kombinationswunder, die in keinem Kleiderschrank fehlen dürfen.

» Für den Schulalltag sind Outfits komplett in Schwarz aber nur bedingt zu empfehlen, kaum einer Frau steht schwarz tagsüber wirklich gut. Lieber etwas mit Muster wählen.

Jeans

» Ja! Eine Jeans passt zu allem, ist robust, unkompliziert und jung. Mehr muss man dazu wohl nicht sagen.

Muster

» Bitte nicht zu wild! Du willst ja deine Schüler nicht hypnotisieren.

» Blümchen, Ornamente oder Streifen? Generell gilt: Muster sind fröhlich, kaschieren Figurproblemchen, und sind perfekt für den Lehrerinnenalltag. Allerdings bleiben auffällig gemusterte Kleidungsstücke gut im Gedächtnis, können also nicht so oft getragen werden.

Einen Spruch für jeden Tag

Die Seite kopieren, einzelne Sprüche ausschneiden und jeden Tag einen Spruch ziehen, bevor du das Haus verlässt. Wenn er dir gefällt, steck ihn in die Hosentasche oder dein Portemonnaie und dann fällt er dir heute immer wieder in die Hände, um dich zu inspirieren, dich aufzumuntern und dir etwas Schönes mitzugeben.

Glück entsteht oft durch *Aufmerksamkeit* in kleinen Dingen, *Unglück* oft durch *Vernachlässigung kleiner Dinge.*
(Wilhelm Busch)

Es sind nicht die Dinge selbst, die uns beunruhigen, sondern die Vorstellungen und Meinungen von den Dingen.
(Epiktet)

Für irgendetwas wird es schon gut sein.

Glück liegt nicht darin, dass man tut, was man mag, sondern mag, was man tut.
(James Matthew Barrie, schott. Schriftsteller)

Die beste Zeit, einen Baum zu pflanzen, war vor zwanzig Jahren. Die nächstbeste Zeit ist jetzt.
(Sprichwort aus Uganda)

Be kind and **compassionate** and the whole world will be your friend.

Ist Freude und Leichtigkeit in dem, was du tust?

Ebbe **folgt nicht auf** Ebbe. Dazwischen ist die **Flut**.
(Sprichwort aus Algerien)

Das Gras wächst nicht schneller, wenn man daran zieht.
(Sprichwort aus Gambia)

Wenn wir Menschen nur annehmen, wie sie sind, so machen wir sie schlechter; wenn wir sie behandeln, als wären sie, wie sie sein wollen, so bringen wir sie dahin, wohin sie zu bringen sind.

(Johann Wolfgang von Goethe)

wer sagt, Glück kann man nicht anfassen, hat niemals einen Hund gestreichelt.

Don't grow up.
It's a trap.

Man soll die Dinge nicht so tragisch nehmen, wie sie sind.

(Karl Valentin)

Jedes Ereignis, alles auf der Welt hat seine Zeit: Geborenwerden und Sterben, Pflanzen und Ausreißen, Töten und Heilen, Niederreißen und Aufbauen, Weinen und Lachen, Klagen und Tanzen, Steinewerfen und Steinesammeln, Umarmen und Loslassen, Suchen und Finden, Aufbewahren und Wegwerfen, Zerreißen und Zusammennähen, Reden und Schweigen, Lieben und Hassen, Krieg und Frieden.

(PREDIGER 3, 1–8, HFA, Brunnen Verlag, Gießen)

**Sei du selbst,
alle anderen sind schon vergeben.**

(Oscar Wilde)

Sie werden mich schon nicht *fressen*.

Herr, gib mir die Gelassenheit, Dinge hinzunehmen, die ich nicht ändern kann. Gib mir den Mut, Dinge zu ändern, die ich ändern kann. Und gib mir die Weisheit, zwischen diesen beiden Dingen die rechte Unterscheidung zu treffen.

(Franz von Assisi)

Ich habe gelernt, dass Mut nicht das Fehlen von Angst ist, sondern der Sieg über sie. Ein mutiger Mensch ist nicht jener, welcher keine Angst fühlt, sondern derjenige, der diese Angst besiegt.

(Nelson Mandela)

„Ich werde dich sowas von **stolz** machen."

(Notiz an mich selbst)

Wer alles mit einem Lächeln beginnt, dem wird das Meiste gelingen.

(Dalai Lama)

Halte dir jeden Tag dreißig Minuten für deine Sorgen frei, und in dieser Zeit mache ein Nickerchen.

(Abraham Lincoln)

Machen! *Nicht denken.*
Nicht reden, einfach machen.
Im schlimmsten Fall wird es eine Erfahrung.

DO MORE
OF WHAT
MAKES YOU
HAPPY!

Oh
Yeah!

Nichts ist entspannter,
als das anzunehmen, was kommt.
(Dalai Lama)

Leben heißt,
einige Punkte von der To-do-Liste
auf die Was-soll's-Liste zu setzen.

Die einzigen wirklichen Feinde eines Menschen
sind seine eigenen negativen Gedanken.
(Albert Einstein)

Life is short –
eat dessert first!

Nachts werden die Gefühle klarer,
die Gedanken lauter
und die Musik schöner.

Zeit ist überhaupt nicht kostbar, sie ist eine Illusion. Was dir so kostbar erscheint, ist nicht die Zeit, sondern der einzige Punkt, der außerhalb der Zeit liegt: das Jetzt. Das allerdings ist kostbar. Je mehr du dich auf die Zeit konzentrierst, auf Vergangenheit und Zukunft, desto mehr verpasst du das Jetzt, das Kostbarste, was es gibt.
(Eckart Tolle)

Fehler sind wie Berge,
man steht auf dem Gipfel seiner eigenen
und redet über die der anderen.
(Afrikanisches Sprichwort)

Es ist nicht leicht, Glück in sich selbst zu finden,
aber unmöglich, es anderswo zu finden.
(Agnes Repplier)

Es gibt immer einen Grund,
dankbar zu sein.
Finde ihn!

Anstatt dich zu fragen,
wann denn dein nächster Urlaub ist
(bzw. die nächsten Ferien sind),
solltest du dir ein Leben schaffen,
vor dem du nicht zu entkommen brauchst.
(Seth Godin)

Jedes Kind kann lernen.
Aber nicht am gleichen Tag
und nicht nach der gleichen Methode.

**Du kannst alles erreichen,
wenn du richtig Bock darauf hast.**

Niemand ist **perfekt**.
Deswegen haben Bleistifte
Radiergummis.

Nicht ärgern,
nur wundern.

**KEEP
CALM
AND
TEACH
ON**

*Alles Glück
beruht auf
Mut und Arbeit.*

fange nie an,
aufzuhören
höre nie auf,
anzufangen

Letztendlich bist du die einzige Person, der du gefallen musst.
Wirf den Helden in deiner Seele nicht weg. Halte heilig deine höchste Hoffnung.
(Friedrich Nietzsche)

**Bequemlichkeit
ist der natürliche
Feind des Erfolgs.**

Die Kunst des Ausruhens
ist ein Teil der Kunst des Arbeitens.
(John Steinbeck)

Das einzige Mittel,
um Zeit zu haben,
ist sich Zeit zu nehmen.
(Winston Churchill)

*Wenn es die letzte Minute nicht gäbe,
würde wohl nie etwas fertig.*

Aus einem BALD
sollte man viel öfter ein JETZT machen,
bevor daraus ein NIE wird.

Man kann einen Menschen nichts lehren,
man kann ihm nur helfen,
es in sich selbst zu entdecken.
(Galileo Galilei)

Feel
beautiful
today.

Hmmmm, brrrrrr, hallo wach!
Drei Stimmübungen für den Morgen

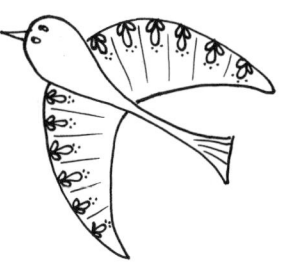

Mit Stimmübungen ist es wie mit Gymnastik. Schon kleine regelmäßige Übungen zeigen einen Trainingserfolg. Deine Stimmbänder bleiben gesund und deine Stimme wird freier und schöner. Diese Übungen machen Spaß und du kannst sie unter der Dusche machen (empfiehlt sich besonders, wenn die stimmliche Belastung schon am familiären Frühstückstisch beginnt), oder auf dem Weg zur Arbeit im Auto oder auf dem Fahrrad.

Übung 1: Lippenprusten
Wie kleine Kinder mit Spielzeugautos spielen, mal mehr, mal weniger Gas, mit einem leichten B-Laut die Lippen vibrieren lassen: *Brrrrrrrrr*. Diese Übung aktiviert das Zwerchfell und alle Teile unseres Stimmapparats, der für die Artikulation zuständig ist. Durch die Änderung in Geschwindigkeit und Tonhöhe, wird die Spannung des Zwerchfells variiert und Flexibilität wird eingeübt. Macht besonders viel Spaß beim Fahrradfahren, wenn man seinen Fahrstil den Geräuschen anpasst, Schlangenlinien fährt und verdutzte andere Radler mit Mopedgeräusch überholt.

Übung 2: Summen

Denk an was Schönes, eine sanfte Berührung … Summe nun ganz sanft und genussvoll auf mittlerer Tonhöhe: *Hmmmmmmmm*. Denk an was Leckeres, Blaubeerpfannkuchen mit Vanilleeis … Summe ganz genüsslich: *Mniam, mniam, mniam*. Und die beste und einfachste Übung überhaupt: Summe deinen Lieblingssong oder den aktuellen Hit im Radio. Aber bitte ganz leise und sanft (Sing doch einfach deinen Lieblingssong aus dem Soundtrack deines Schulwegs, S. 20–22). Je leiser und weicher du summst, umso besser. Beim weichen, leisen Summen wird der Spalt zwischen den Stimmlippen ganz schmal und sie geraten in gleichmäßige Schwingung. Der Ton ist äußerst effizient und schonend. Spüre die leichte Vibration deiner Stimme in Brustkorb und Kopf – und genieße.

Übung 3: Kauen und Kiefer lockern
Stell dir vor, du bist eine große zufriedene Kuh auf einer saftig grünen Bergwiese und liebst den Geschmack des herrlich frischen Grases. Mit langsamen, runden Bewegungen deines Kiefers kaust du es immer wieder. Und weil es so unglaublich lecker ist, entströmt dir ein tiefes, weiches, langgezogenes *Hmmmmmmm*. Wenn es angenehmer ist, kannst du das Kauen auch nur andeuten und den Kiefer bewegen, ohne dass sich die Zähne berühren. Ein verkrampfter Kiefer verhindert eine deutliche Artikulation, die runden Bewegungen lösen Spannungen. Die Durchblutung der Kaumuskeln wird angeregt und deine Stimme bekommt Platz zum Schwingen. Zum Abschluss massiere mit den Fingern mit kreisenden Bewegungen und sanftem Druck deine Kiefergelenke.

Der Soundtrack meines Schulwegs

Energize! Wenn es auch ein bisschen lauter werden darf

» Héroes del Silencio: Entre dos tierras

» Mark Ronson feat. Bruno Mars: Uptown Funk

» Led Zeppelin: Black dog

» Meghan Trainor: All about that bass

» Queen: Don't stop me now

» Incubus: Drive

» Lenny Kravitz: Fly away

» Black Eyed Peas: I gotta feeling

» The Isley Brothers: I know who you been socking it to

» Die Toten Hosen: Tage wie diese

» Elle King: Ex's & Oh's

» The Flaming Lips: Yeah Yeah Yeah Song

» Jamiroquai: Cosmic Girl

Rough day! Ein harter Tag erwartet dich? Das baut dich auf!

» Pink: So what

» Cake: I will survive

» Chaka Khan: Ain't nobody

» Amy Winehouse: Rehab

» Icona Pop: I love it

» Electric Light Orchester: Don't bring me down

» Dredg: Ode to the sun

» Macklemore & Ryan Lewis: Can't hold us

» Ellie Goulding: Burn

» U2: Beautiful day

» Roy Black & Anita: Schön ist es auf der Welt zu sein

» Dizzee Rascal: Bonkers

» Christina Aguilera: Beautiful

» Lady Gaga: Born this way

Sing along! Songs, so richtig schön zum Mitsingen

- » Rea Garvey: Supergirl
- » R. Kelly: I believe I can fly
- » Sam Smith: Stay with me
- » Eric Clapton: Wonderful tonight
- » Bruno Mars: Just the way you are
- » R.E.M.: Losing my religion
- » The Beatles: Hey Jude

- » David Bowie: Space Oddity
- » Robbie Williams: Angels
- » Avicii: Wake me up
- » Tim Bendzko: Nur noch kurz die Welt retten
- » Red Hot Chili Peppers: Scar Tissue
- » Simon and Garfunkel: Hazy shade of winter

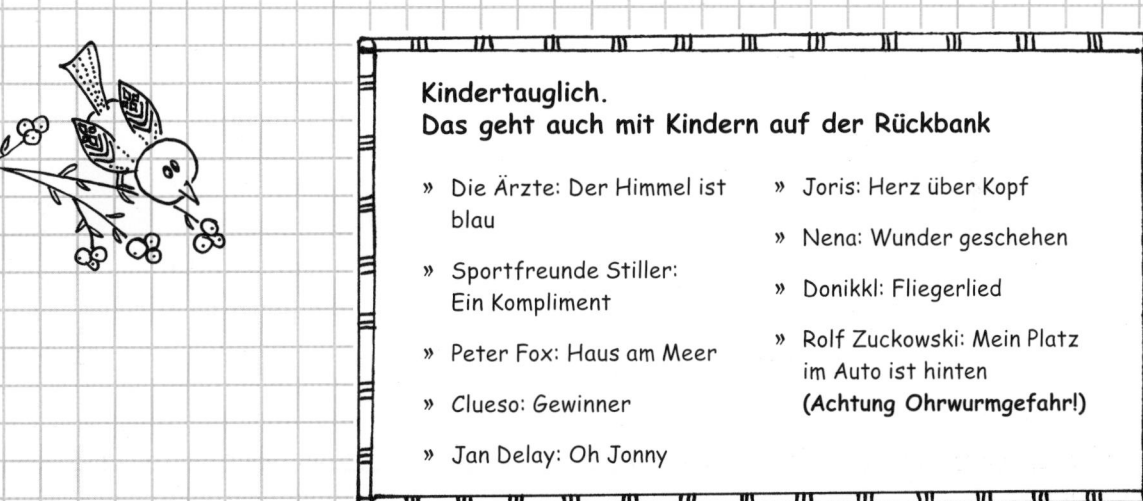

Kindertauglich.
Das geht auch mit Kindern auf der Rückbank

- » Die Ärzte: Der Himmel ist blau
- » Sportfreunde Stiller: Ein Kompliment
- » Peter Fox: Haus am Meer
- » Clueso: Gewinner
- » Jan Delay: Oh Jonny

- » Joris: Herz über Kopf
- » Nena: Wunder geschehen
- » Donikkl: Fliegerlied
- » Rolf Zuckowski: Mein Platz im Auto ist hinten **(Achtung Ohrwurmgefahr!)**

Ruhig. Für einen sanften Start in den Tag

- » John Legend: All of me
- » Family of the year: Hero
- » Portishead: Wandering Star
- » Asaf Avidan: One day/Reckoning Song
- » Incubus: Deep inside
- » The Police: Walking on the moon
- » Natalie Imbruglia: Torn
- » John Hiatt: Have a little faith in me
- » Tracy Chapman: Fast car

- » Gotye: Somebody that I used to know
- » Soundtrack zum Film „Die Kinder des Monsieur Mathieu"
- » Soundtrack zum Film „Die fabelhafte Welt der Amélie"
- » Soundtrack zum Film „Chocolat"
- » Album „OK Computer" von Radiohead
- » Album „Quiet is the new loud" von Kings of Convenience
- » Album „Automatic for the people" von R.E.M.

Gute Laune! Die ultimativen Good-mood-songs

- » Seed: Aufstehn
- » Justin Timerberlake: Can't stop the feeling
- » Pharrell Williams: Happy
- » Aloe Blacc: I need a dollar
- » J Ralph: Kansas City Shuffle
- » Marvin Gaye and Tammi Terrell: Ain't no mountain high enough
- » Lost Frequencies: Are you with me

- » Gentlemen: Superior
- » The Police: Every breath you take
- » Die fantastischen Vier: Einfach sein
- » The Doors: Love me two times
- » Herbert Grönemeyer: Mensch
- » Frida Gold: Liebe ist meine Rebellion
- » Album „Zaz" von Zaz

Projekt Bestandsaunahme

Jeder hat so viel Musik, da verliert man mal schnell den Überblick. Nimm dir vor, jeden Tag ein anderes Album aus deiner Sammlung zu hören und dann zu entscheiden:
→ Das kann weg, definitiv.
→ Sollte ich viel öfter hören.
→ Kategorie Erinnerungen, aber besser dass das nicht in der Shuffleliste auftaucht, wenn jemand anderer im Auto sitzt.
Vielleicht entdeckst du ja auch etwas Neues, von dem dir bisher gar nicht bewusst war, dass du das hast bzw. dass dir das gefällt.

Projekt Musiktausch

Vereinbare mit einer lieben Kollegin, dass ihr euch jeden Montag gegenseitig ein neues Album oder ein paar neue Songs mitbringt. Am besten erst einmal ganz unkommentiert und damit unvoreingenommen hören.

Projekt Wundertüte

Jede Woche in der Bücherei eine CD ausleihen. Gar nicht lange stöbern, einfach drauf los, die erste greifen, die dir ins Auge springt, ohne Vorurteile, einfach mal ausprobieren.

Nein sagen

oder Warum es zum Erfolg führt, sich abzugrenzen

Der Druck auf Lehrerinnen ist groß: Lehrplanthemen abdecken, Kompetenzen vermitteln, Bildungsstandards berücksichtigen, für ein gutes Klassenklima sorgen, Eltern beraten, Schüler mit ihren Sorgen wahrnehmen, Erziehungsaufgaben übernehmen, Schulfeste organisieren und, und, und. Das Arbeitspensum einer Lehrerin ist so enorm. Hinzu kommt, dass der Arbeitstag kein Ende kennt. Vollzeitlehrer arbeiten, laut Studien, zwischen 30 und 70 Stunden pro Woche, im Schnitt, laut Deutschem Lehrerverband, 45–55 Stunden, Abendtermine und Wochenendarbeit werden von der Schule selbstverständlich erwartet.

Oftmals ist der Druck jedoch auch hausgemacht. Alles soll perfekt sein. Es ist ja auch wunderbar, wenn du dich mit deiner Berufung identifizierst und für die Schule lebst. Selbstverständlich ist es löblich, sich so richtig in seinen Job reinzuhängen. Aber um glücklich, ausgeglichen und gesund zu bleiben, ist es wichtig, auch mal Grenzen zu ziehen, Zeiten fest für dein Privatleben einzuplanen, die dann auch unverrückbar bleiben. Sonst leiden Freundschaften, Familie und Partnerschaft früher oder später. Und du selbst.

Warum fällt es uns so schwer, auch mal Nein zu sagen? Wir gefallen uns mit dem Selbstbild „Ich bin eine Powerfrau!", „Ich bin belastbar, ausdauernd und ich gebe so schnell nicht auf!" und „Ich bin eine engagierte Lehrerin mit Herzblut". Schwäche ist keine Option, so treibt uns unsere innere Stimme immer weiter zu Höchstleistungen, aber auch immer weiter in die völlige Selbstaufgabe. Oft geht es im Privatleben so weiter. Es ist wichtig, dir klar zu machen, dass Pausen und Zeiten nur für dich sein dürfen, sie wertvoll und sinnvoll sind für dich.

Auch im sozialen Miteinander des Schulalltags solltest du deine Grenzen ziehen, wenn dir das im Moment gut tut. Es gibt Energiesauger, die dir immer den Wind aus den Segeln nehmen, deine gute Laune scheinbar absichtlich ins Gegenteil verkehren wollen, dir deine Energie wie Vampire förmlich aus der Blutbahn saugen. Kolleginnen, die gern, ausführlich und ausschließlich über ihre Sorgen und Problemchen sprechen, Eltern, die nur das Negative sehen und auf jeden Vorschlag nur mit Bedenken und Ablehnung reagieren, Kollegen, die jede Idee totdiskutieren. Wenn du dir klarmachst, dass du umso effektiver arbeitest, wenn du insgesamt ausgeglichener bist, kannst du dir vielleicht leichter zugestehen, dass du nicht zu allem Ja sagen musst.

Nein sagen muss man üben! Das hilft:

» Frage dich: Was würde passieren, wenn ich diese Sache nicht mache? Oder später? Oder nicht so gründlich?

» Sei freundlich und nachsichtig mit dir selbst, statt hart und unerbittlich.

» Gestatte dir Pausen! Ausschlafen am Sonntag nach einer anstrengenden Woche, lass die Wanderung um halb 7 Uhr morgens sausen und begnüge dich mit einer Runde durch den Wald nach einem späten Frühstück.

» Grenze dich ab! Sei nicht jederzeit erreichbar, weder für Eltern, noch für Schüler. Wenn ihr eine Klassen-Facebook®-Gruppe habt, kannst du feste Zeiten bekanntgeben, in denen du auf Anfragen reagierst. Wenn Eltern dich zwischen Tür und Angel ansprechen, beim Bäcker nur ganz kurz mit Fragen konfrontieren oder gar privat anrufen, verweise sie auf feste Sprechstunden. Das ist weder unverschämt, noch unflexibel. Damit signalisierst du klar, dass du nicht jederzeit zur Verfügung stehst, das ist völlig legitim und vernünftig. Und Eltern, Schüler und Kollegen gewöhnen sich daran, du wirst sehen.

» In Elterngesprächen wirst du oft mit Fragen konfrontiert, die über die Schule hinausgehen. Hilflose Eltern wollen deinen Ratschlag in Erziehungsangelegenheiten. Auch hier kannst du klaren Grenzen ziehen. Auch wenn es sehr löblich ist, dass Eltern sich an dich wenden, um ihre Sorgen zu besprechen, kannst du sie guten Gewissens an den Vertrauenslehrer, an Beratungsstellen verweisen oder auch Ratgeber empfehlen. Tausche dich hierzu mit deinen Kollegen aus. Sag den Eltern, dass das deine Kompetenzen übersteigt. Das ist offen, klar und auf keinen Fall eine Schande.

» Strukturiere deine Arbeit. Teile deine Vorbereitungs- und Korrekturarbeit ein in:

» **MUST HAVE:** Das sind die unbedingt erforderlichen Mindestanforderungen. Das muss gemacht werden, damit die Stunde läuft, damit du die Arbeiten zurückgeben kannst.

» **SHOULD:** Das sollte umgesetzt werden, wenn alle MUST-Anforderungen erfüllt sind. Dann kannst du zufrieden sein mit deiner Leistung.

COULD oder NICE TO HAVE: Das wäre schön, das ist das Sahnehäubchen. Nur wenn noch Zeit ist, an Tagen, an denen du die Zeit und Energie hast.

» Arbeite immer erst die MUSTs ab, um dich nicht zu verzetteln. Auch beispielsweise in der letzten Woche der Sommerferien.

» Verweise Energiesauger in die Schranken! Energiesauger sind am effektivsten im Zweiergespräch. Beziehe also andere mit ein, wenn sie dich ansprechen, dann bist du ihnen nicht so ausgeliefert. Signalisiere ganz klar, wenn du ein Gespräch beenden möchtest, auch wenn es dir unhöflich erscheint. „Ich muss noch etwas erledigen." Lass Gespräche gar nicht so ausufern. Wenn die Kollegin zur Schilderung ihrer neusten Dramen ausholt, beende das Gespräch, bevor es überhaupt richtig losgeht. Du bist nicht der Kummerkasten der Schule. Du musst deinen Tag so gestaltet, dass er gut für dich ist.

Flieg, Vögelchen, flieg!

Eine kleine Zeichnung üben

Du würdest auch gerne zeichnen können und bewunderst Leute, die kleine süße Zeichnungen einfach so, scheinbar aus dem Nichts, aufs Papier zaubern? Jeder kann zeichnen. Jeder, der einen Stift halten kann und einigermaßen sicher Linien führen kann. Und das solltest du als Lehrerin wohl können.

Das Geheimnis heißt: Klein anfangen, das Ganze in seine Einzelteile zerlegen und üben, üben, üben. Puh, das klingt schon wieder nach Zeit nehmen, sich hinsetzen und Übungen abarbeiten? Nein, überhaupt nicht. Nimm dir eine kleine Zeichnung, wie dieses kleine Vögelchen hier, und wiederhole sie immer wieder zwischendurch, auf einem Notizzettel bei der Unterrichtsvorbereitung, beim Telefonieren, als Verzierung auf einer Geburtstagskarte. Du wirst sehen, das macht Spaß und mit jedem Mal gelingt die Zeichnung besser.

Und jedes Mal, wenn du das Vögelchen zeichnest, tust du etwas, nur weil es schön ist. Eine kleine Auszeit aus der Welt des Zeitdrucks, der To-do-Listen und Vorhaben. Klein, fein und effektiv, sozusagen Kurzurlaub von all den Ansprüchen.

Trau dich! Einfach drauf los. Es muss nicht perfekt sein, auch nicht auf der Glückwunschkarte. Oft sind die kleinen Unfälle sogar gerade charmant, ein Vögelchen gerät etwas übergewichtig, steht auf wackligen Beinen oder schielt keck nach oben. Im schlimmsten Fall hat das Geburtstagskind was zu lachen.

Schwar-weißer Mustermix
Malen und Entspannen mit Zentangle

Am besten kopierst du die Seite, dann kannst du sie mehrmals
verwenden und musst keine Sorge haben, dass dich vermalst. Male
die einzelnen Felder der Silhouettenmotive mit Mustern aus. Entweder benutzt du Muster aus den Luftblasen oder probierst eigene
aus. Verwende einen gespitzten Bleistift oder einen Fineliner.
Einfach drauf los! Das Malen von einfachen Mustern ist erfüllend
und erholsam zugleich. Du kannst jede Anspannung einfach weg-
zeichnen und deine Freistunde richtig gut nutzen, um den Kopf
mal gründlich frei zu kriegen. Viel Vergnügen!

Origami-Kraniche falten

Eine kleine Achtsamkeitsübung
für zwischendurch

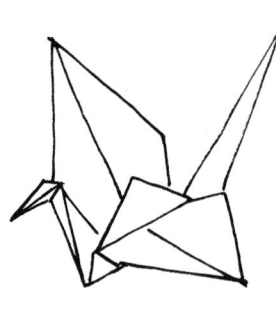  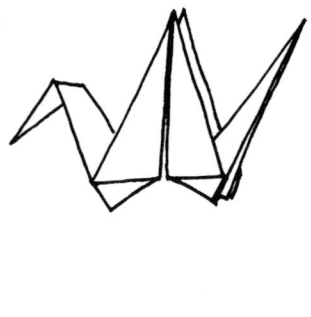

Wo ist denn hier die Anleitung? Ich muss zugeben, ich scheitere regelmäßig an Origami-Faltanleitungen mit Skizzen. Drehen, falzen, wie jetzt, hä? Inzwischen benutze ich nur noch YouTube-Videos. Davon gibt es ganz viele, die die Abläufe gut verständlich erklären, man kann sie jederzeit stoppen und einen Schritt wiederholt anschauen. Nimm dir einmal eine halbe Stunde Zeit, und falte mithilfe eines Videos mehrmals hintereinander den Kranich. Origamifiguren sind anfangs kompliziert, mit etwas Übung ist es jedes Mal ein kleines Wunder, wie mit ein paar Handgriffen aus einem einfachen Stück Papier eine ästhetische Figur entsteht. Wenn du den Ablauf einmal kennst, kannst du immer zwischendurch, als Belohnung, wenn du beim Korrigieren wieder einen Stapel abgearbeitet hast oder bei der Vorbereitung eine kleine Pause brauchst, einen Kranich falten. Origami-Papier gibt es im Bastelladen oder auch im Internet zu bestellen. Natürlich geht es auch mit weißem oder farbigem Kopierpapier.

Zum Aufhängen des Kranichs mit einer Nadel (mit weißem Nähgarn oder durchsichtigem Nylonfaden) durch die Spitze am Rücken des Kranichs stechen und durch dasselbe Loch wieder zurück, sodass oben eine Schlaufe entsteht. Unten dann die beiden Enden durch eine Holzperle fädeln und um eine kleinere Perle verknoten.

Origami-Kraniche sind hübsch, dekorativ und gut geeignet als kleine poetische Geschenke für jeden Anlass: eine kleine Aufmerksamkeit für eine liebe Kollegin zum Geburtstag, wenn man kein großes Geschenk machen möchte, als motivierendes Fleißpräsent für die Schüler oder als Mobile für dein Arbeitszimmer (an einem Zweig oder mit Reißzwecken am Regalbrett befestigt).

5 Ideen für die 5-Minuten-Pause

1. Aus dem offenen Fenster schauen oder beim Weg über den Schulhof, tief ein- und ausatmen und dabei irgendetwas zählen: Vögel, Steine, Blätter, Blumen, Grashalme … Der Blick in die Natur entspannt den Geist, die Konzentration lässt dich einmal komplett abschalten und du bist wieder aufnahmefähig für die nächste Stunde.

2. Einmal zügig um das Schulgebäude laufen. Das bringt den Kreislauf in Schwung und lüftet den Kopf. Und wenn du einen forschen Schritt drauf hast, spricht dich auch nicht so leicht jemand an.

3. Mit einer Kollegin zu einem schnellen Spiel verabreden, Mühle, Dame, Vier-Gewinnt … Wenn du es lieber tiefgreifender magst: Ein Schachspiel im Lehrerzimmer stehen lassen und in jeder Pause einen Zug machen. Übrigens, keine falsche Scheu vor Schach. Das kann jeder, der die Regeln kennt und die sind nicht sehr kompliziert. Du brauchst einfach nur eine Mitspielerin, die Lust hat, es mal auszuprobieren und dann könnt ihr euch gemeinsam steigern.

4. Ein Gedicht lesen. Nimm jeden Tag ein Gedicht mit und lies es in jeder 5-Minuten-Pause einmal. Das bringt poetischen Tiefgang in deinen Schultag und dich auf andere Gedanken.

5. Etwas kneten. Besorg dir Knete in einem Plastikdöschen, das du in deiner Schultasche dabeihaben kannst. Knete in der Pause eine Figur, einfach das erste, das dir in den Sinn kommt. Kein Druck, kein Scheitern, gleich wird die Knete eh wieder zu einer Kugel gerollt und verschwindet bis zur nächsten Pause.

Ein Einmachglas voll bunter Erfolge

Besorge dir ein schönes, nostalgisches Einmachglas, am besten mit Hebelverschluss und stelle es zu Hause auf deinen Schreibtisch. Schneide aus buntem Papier kleine Zettelchen (ca. 5 x 10 cm) zurecht bzw. 12 Zettelchen aus einem DIN-A4-Blatt. Es eignen sich auch gut Geschenkpapierreste. Habe ab sofort immer 10 bis 20 der kleinen Zettel in deiner Schultasche.

Schreibe nun nach jeder Unterrichtsstunde ein bis drei Dinge auf, die gut gelaufen sind, jedes auf einen farbigen Zettel: eine Erklärung, die dir besonders gut gelungen ist, eine spannende Schülerfrage, ein Aha-Lernerfolg einer Schülerin, dass du bei einer Provokation ruhig, professionell und gelassen geblieben bist und dir davon nicht die Laune hast verderben lassen oder auch nur ein besonders schwungvolles G bei deinem Tafelanschrieb. Ein Sonnenstrahl, der auf deinen Heftstapel gefallen ist. Das Zwitschern eines Vogels vor dem Fenster. Erlaubt ist alles, was dich in dem Moment glücklich gemacht hat und dir das sichere Gefühl gegeben hat, dass du im Hier und Jetzt genau richtig bist. Die Momente dürfen ruhig winzig klein sein. Du wirst sehen, mit der Zeit wirst du richtig kreativ bei der Suche nach den kleinen Erfolgsmomenten. Und du wirst überrascht sein, dass es gar nicht schwer ist, jede Stunde etwas zu finden. Natürlich passieren auch in jeder Stunde und an jedem Schultag Dinge, die richtig blöd laufen und nicht so gut gelingen. Wer kennt das nicht: Abends im Bett kreisen die Gedanken um all die Pannen, Fehler und ungeschickt gewählten Worte und man spielt die Situationen immer wieder durch. Weil unsere Gedanken von alleine eher auf den negativen Erlebnissen fokussieren, ist es wichtig ein Gegengewicht zu setzen und sich ganz bewusst die guten, geglückten

Augenblicke vor Augen zu holen. Letztendlich ist es eine Frage des Blinkwinkels, ob man auf dem Weg zur Schule die vielen roten Ampeln, den „Deppen", der einen so knapp überholt hat, und den Fleck auf dem Sitzpolster in Erinnerung behält oder aber den blühenden Baum an der Ecke, den lustig wippenden Pferdeschwanz des Mädchens auf dem Schulweg und den Lieblingssong im Radio. Du kannst deinen Blick selbst lenken. **Glücklichsein ist eine Entscheidung.** Ist dein Glas halb leer oder halb voll? Ich würde sagen, bald ist es mindestens halb voll mit bunten Zettelchen des guten Gefühls. Wenn es dir zu viel ist, nach jeder Unterrichtsstunde etwas aufzuschreiben, kannst du auch nach Schulschluss ein bis drei Dinge für den ganzen Tag festhalten. Zu Hause angekommen kannst du die bunten Zettelchen entweder einrollen und einen kleinen Gummiring oder einen Bindfaden drumwickeln oder du kannst die Zettelchen zusammenfalten und im Einmachglas auf deinem Schreibtisch sammeln. So konservierst du all deine kleinen Glücksmomente und Erfolge, und das Glas wird vor deinen Augen immer voller mit den fröhlich-bunten Zetteln. In den nächsten Ferien oder wenn du zwischendurch mal einen Motivationsschub brauchst, kannst du das Einmachglas öffnen, ein paar Zettel herausfischen, lesen und staunen, wie viele positive Momente dein Berufsalltag mit sich bringt.

Tipp: Ein Einmachglas mit unbeschriebenen bunten Zettelchen ist auch ein schönes Geburtstagsgeschenk für eine Kollegin.

Prinzessinnenkrone

Guten Morgen, Prinzessin! Wohl geruht? Bereit für einen zauberhaften Tag? Setze dir morgens, wenn du das Schulgebäude betrittst, eine imaginäre Prinzessinnenkrone auf. Ganz oben auf den Kopf, mitten auf den Scheitel, ein kleines filigranes hübsches glänzendes Krönchen. Male dir ruhig detailliert aus, wie es aussieht.

Ein solch kostbares Krönchen muss natürlich entsprechend stolz präsentiert werden. Schluss damit, mit hängenden Schultern durch die Gänge zu schlurfen, mit krumm gebeugtem Geierhals am Kopierer zu stehen und energielos am Lehrerpult zu lümmeln! Richte dich auf. Spüre deine Fußsohlen fest auf dem Boden und rolle deine Füße beim Gehen geschmeidig ab. Deine Beine wachsen in die Höhe und in der Verlängerung baut sich deine Wirbelsäule auf, vom Steißbein bis zu den Halswirbeln. Ein Wirbel über dem anderen, elegant wie bei einem antiken Dinosaurier-Skelett, locker und beweglich. Und ganz oben als krönender Abschluss: dein Krönchen.

Ob du sitzt, stehst oder gehst, du präsentierst deine Krone anmutig und elegant. Und schon hast du eine ganz neue Ausstrahlung. Du wirkst stolz, in dir ruhend, selbstsicher und souverän. Und du wirst sehen, auch innerlich macht dich diese aufrechte, bewusste Haltung ruhiger, sicherer und freier. Mit dieser inneren und äußeren Haltung kannst du alle Herausforderungen deines Schultags meistern. Du stehst groß und stolz vor der Klasse und begegnest deinen Kollegen gelassen und geradeheraus, auch in kniffligen Situationen behältst du einen langen Hals und einen kühlen Kopf.

Übrigens, gerade wenn du eher groß bist, wird dir die Prinzessinnenkrone guttun. Automatisch gewöhnen sich viele Mädchen in der Pubertät eine etwas gebeugte Haltung an, um nicht so groß zu erscheinen und nicht so sehr herauszustechen. Die Krone hilft dabei, eine große Oberweite zu verstecken oder sich möglichst unsichtbar zu machen. Du wirst sehen, wenn du die Krone öfter trägst oder sie sogar zum ständigen Begleiter in deinem Schulalltag werden lässt, lösen sich Spannungen in Rücken und Nacken. Du wirst dich wohler fühlen in deinem Körper.

Und wenn du die Schule verlässt, kannst du die imaginäre Krone in Gedanken neben der Grünpflanze im Foyer, auf dem Armaturenbrett deines Autos oder zu Hause auf deinem Schreibtisch abstellen. Dort wartet sie funkelnd auf ihren nächsten Auftritt.

Mach's gut, Prinzessin, bis morgen dann!

Schoolfood
Rezepte für nahrhafte Pausensnacks

Jeden Tag das immer gleiche Käsebrot? Das muss nicht sein! Hier gibt es köstliche, nährstoffreiche Zwischenmahlzeiten, die sich schnell zubereiten und leicht mitnehmen lassen.

Nüsse – Köstliche Kraftpakete für Körper und Geist

Nicht umsonst heißt der Knabberklassiker Studentenfutter. Die Mischung aus ungesalzenen Nüssen und getrocknetem Obst ist ein gesunder Snack fürs Gehirn. Es liefert hochwertige Fette und Mineralstoffe, sättigt und ist unglaublich lecker. Der Zucker aus den Trockenfrüchten liefert Energie für die grauen Zellen, B-Vitamine stärken die Nerven und erhöhen die Konzentration, das Antistressmineral Magnesium entspannt und die gesunden Fettsäuren aus den Nüssen lassen die Ideen nur so sprudeln. Die Mischung sorgt dafür, dass der Energieschub nicht so schnell verpufft, sondern lange vorhält. Das hochwertige pflanzliche Eiweiß und die gute Verdaulichkeit machen Nüsse zum perfekten Snack für zwischendurch. Der leckere Mix aus Nüssen und Früchten lässt sich auch hervorragend mit frischem Obst wie Weintrauben, frischen Feigen oder Birnen kombinieren.

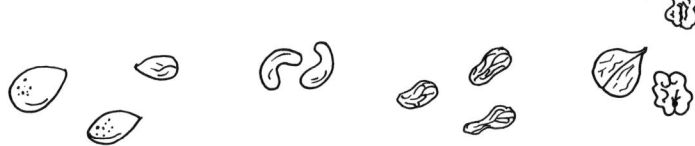

Herzhafte Muffins – Tolle Küchlein für jeden Geschmack

Die würzigen kleinen Kuchen sind ein toller Snack zum Mitnehmen, auch für Kinder, und machen sich übrigens auch gut auf dem Party-Buffet. Ein einfacher Rührteig ist selbst von Backanfängerinnen im Handumdrehen zubereitet. Die Varianten sind vielfältig, lecker sind sie alle.

Grundrezept für herzhafte Muffins

450 g Mehl
2 TL Backpulver
2 TL Natron
2 TL Salz
4 Eier
160 ml Öl
250 ml Buttermilch

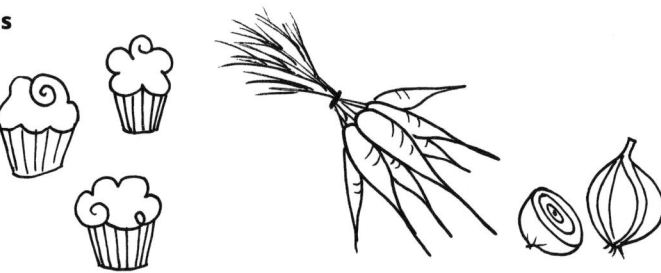

Den Backofen vorheizen. Mehl mit Backpulver, Natron und Salz in einer Schüssel mischen. Eier, Öl und Buttermilch nacheinander zugeben, gut verrühren. Zusätzliche Zutaten unterheben. Teig in ein Muffinblech füllen und bei 175° Umluft oder 160° Ober-/Unterhitze für 20 bis 25 Minuten backen.
Die Zutaten für die herzhaften Muffins kannst du nach Belieben kombinieren, deiner Fantasie sind keine Grenzen gesetzt: Versuche doch mal Muffins mit geriebenem Käse, gewürfeltem Schinken, Oliven, Zwiebeln, gehackten Kräutern, Blattspinat, Schafskäse, Cocktailtomaten, geraspelten Möhren …

Bulgursalat – Ein leichter, nahrhafter Snack mit vielen leckeren Varianten

Bulgur ist Weizenschrot, der grob oder fein zerkleinert sehr günstig in türkischen Läden angeboten wird. Er ist bekannt aus der orientalischen Küche. Ich mag die feine Variante am liebsten. Wie Couscous kann er ohne Kochen nur durch Einweichen oder Dämpfen schnell und einfach zubereitet werden. Du musst nur beachten, dass Bulgur beim Quellen sein Volumen um das Zwei- bis Dreifache vergrößert. Bulgur ist reich an Vitamin B und E, Magnesium und Calcium und enthält Stärke und Ballaststoffe, wodurch er gut sättigt. Alternativ kannst du auch Couscous verwenden.

Grundrezept Bulgursalat

```
125 g feiner Bulgur
150 ml Gemüsebrühe
4 EL Olivenöl
1 EL flüssiger Honig
8 EL Zitronensaft
Salz, Pfeffer
```

Bulgur in eine große Schüssel geben. Gemüsebrühe heiß zubereiten und über den Bulgur gießen, vermischen und zugedeckt 10 Minuten quellen lassen. Anschließend mit zwei Gabeln auflockern. Zitronensaft, Honig, Olivenöl verrühren und mit Salz und Pfeffer würzen. Die vorbereiteten Zutaten mit dem Dressing mischen. Den Salat abgedeckt kaltstellen.

Der Klassiker

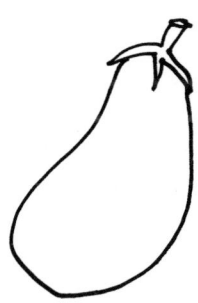

```
Grundrezept Bulgursalat
2 gelbe oder orangefarbene Paprikaschoten
4 Tomaten
1 Bund Frühlingszwiebeln
1 EL Tomatenmark
1 rote Chilischote
1 Bund Petersilie
1/2 TL Paprikagewürz
Cayennepfeffer nach Belieben
```

Bulgursalat-Grundrezept zubereiten. Paprikastiel, -kerne und -häute entfernen und die Paprika in kleine Würfel schneiden. Den Strunk der Tomaten entfernen und in kleine Würfel schneiden. Die Frühlingszwiebeln putzen und in dünne Ringe schneiden.
Tomatenmark, Paprikagewürz und Cayennepfeffer mit den anderen Zutaten des Dressings mischen (s. Grundrezept). Chili mit Kernen fein schneiden. Petersilie waschen, trocken schütteln und fein hacken und alles unterheben.

Der Spektakuläre:
Rote-Beete-Schafskäse-Salat mit gehackten Walnüssen

Die frische Rote-Beete verleiht dem Salat eine unglaublich intensive dunkelrote Farbe. Mit den grünen und weißen Akzenten ein Augenschmaus.

```
Grundrezept Bulgursalat
2 Knollen frische Rote Beete
1 Bund Frühlingszwiebeln
Walnüsse nach Belieben
1 Päckchen Schafskäse
1 Bund Petersilie
```

Bulgursalat-Grundrezept zubereiten. Die Rote-Beete-Knollen schälen und in kleine Würfel schneiden. Am besten mit Handschuhen, da sie stark färben. Auch Arbeitsplatte und Brettchen gleich anschließend säubern. Die Rote-Beete-Würfelchen in Gemüsebrühe und ggf. etwas mehr Wasser garkochen und dann den Bulgur in das heiße Wasser hineingeben und ziehen lassen. Wenn die Rote Bete und der Bulgur gar sind, weitere Zutaten, wie im Grundrezept, hinzufügen. Darüber hinaus Frühlingszwiebeln in dünne Ringe schneiden, Walnüsse grob hacken, Petersilie waschen, trocken schütteln und fein hacken und alles unterheben. Schafskäse erst morgens würfeln und unterheben, damit er seine schöne weiße Farbe behält.

Der Raffinierte: Granatapfel-Taboulé

Die fruchtig herben Granatapfelkerne geben dem minzfrischen, petersiliensatten Kräutersalat das gewisse Etwas.

```
Grundrezept Bulgursalat
1 Granatapfel
1 rote Chilischote
1/2 Salatgurke
1 rote Zwiebel
100 g Petersilie
30 g frische Minze
20 g Koriandergrün
2 EL Granatapfelsirup
```

Bulgursalat-Grundrezept zubereiten. Granatapfel quer halbieren und die Kerne herauslösen (mit einem Holzlöffel auf die Schale schlagen und die Kerne auffangen). Chili mit Kernen fein schneiden. Gurken und Zwiebel fein würfeln. Kräuter waschen, trocken schütteln und fein hacken. Morgens beim Einpacken mit Sirup beträufeln.

Ein Lächeln verschenken

Kennst du das auch? In der Schule bist du ständig unter Strom. An so vieles denken, die Pausen sind viel zu knapp bemessen, ständig kommt auch noch etwas dazwischen. Da verpuffen alle guten Vorsätze schon vor der großen Pause.

Doch dieser Vorsatz ist einfach, eigentlich winzig, aber äußerst wirkungsvoll: Verschenke öfter mal ein ehrliches Lächeln. An Schüler, die dir in den Gängen begegnen, an die Sekretärin, wenn du dein Fach leerst, an den Hausmeister im Vorbeigehen. Eventuell ein kurzer Gruß, schaue dem anderen richtig in die Augen und lächle ihn an.

Du wirst sehen, es macht einen riesigen Unterschied. Meist grüßt man nur flüchtig im Vorbeigehen und ist mit dem Kopf schon wieder ganz woanders. Aber wenn man jemandem einen kurzen Moment ungeteilte Aufmerksamkeit und einen Flash positive Energie durch das Lächeln schenkt, durchströmt beide ein Glücksmoment, der länger nachwirkt als gedacht.

Ich habe für mich selbst das Einweckglas der Glücksmomente (s. S. 30) gestaltet. Eine kurze freundliche Begegnung mit einem Unbekannten in der Bahn war oft so ein Moment, der mir abends wieder eingefallen ist, wenn ich an meine Hochgefühle des Tages gedacht habe.

Klo-Yoga

Klar, würdest du gerne kurze Lockerungsübungen machen, aber du hast keine Lust, dass die Kollegen im Lehrerzimmer tuschelnd die Köpfe zusammenstecken? Und der Pausenhof, auf dem dich ganze Schulklassen von kritischen Schülern beobachten, ist auch keine Option. Also mach deine Übungen doch an dem einzigen Ort, an dem du mit Sicherheit deine Privatsphäre hast: auf der Toilette. Es gibt schönere Orte und der Raum ist auch sehr begrenzt, aber besser als nichts. Und wenn sich doch ein anderes ruhiges Plätzchen findet, funktionieren die Übungen natürlich auch auf jedem Stuhl.

Drehsitz. Dein 3-Minuten-Rundum-Wohlfühl-Programm beginnt mit dem Drehsitz. Du sitzt ganz aufrecht und stellst dir einen goldenen Faden vor, der dich am Scheitel nach oben zum Himmel zieht. Dann drehst du deine Schultern und Rippen nach rechts, während die Hüfte unverändert auf der Klobrille sitzen bleibt. Lege deine rechte Hand hinten auf deinen unteren Rücken, mit der linken Hand kannst du von außen gegen dein rechtes Knie schieben und dich so weiter in die Drehung hineindrehen. Dein Kopf schaut über die rechte Schulter, die Augen kannst du locker schließen. Ein tiefer Atemzug und dann die Seite wechseln.

Langstrecken. Strecke deine Arme etwas mehr als schulterbreit nach oben Richtung Himmel. Die Ellenbogen sind ganz gestreckt, die Finger gespreizt. Die Hände ziehen Richtung Himmel, währenddessen ziehen deine Schultern nach unten weg von den Ohren. Dein Blick geht ebenfalls Richtung Decke. Spüre deine Fußsohlen auf dem Boden und deine Oberschenkel auf der Klobrille. Lasse abschließend einmal für einen kurzen Moment die Arme lang neben den Körper nach unten hängen, schau entspannt nach vorne und spür den Unterschied der beiden Haltungen.

Fingerdehnung. Strecke nun die Arme gerade nach vorne, verschränke die Finger ineinander und dreh die Hände so, dass die Handflächen nach vorne zeigen. Drück die Finger sanft nach vorne, sodass dein oberer Rücken einen runden Katzenbuckel macht. Heb die Arme dann mit der gleichen Stellung der Hände nach oben und streck deinen Rücken lang.

Nacken aushängen. Du sitzt weiterhin mit geradem Rücken. Deine Hände liegen entspannt auf den Oberschenkeln. Nun neigst du ganz behutsam deinen Kopf zur linken Seite und lässt dein linkes Ohr schwer Richtung linke Schulter ziehen. Dabei zieht deine rechte Schulter ebenfalls nach unten, sodass eine sanfte Dehnung der rechten Nackenmuskulatur entsteht. Dann rollt dein Kopf ganz langsam nach vorne, bis das Kinn Richtung Brustbein sinkt. Von dort aus wandert der Kopf auf der anderen Seite wieder nach oben. Mach diese Übung wirklich sehr vorsichtig und ruhig.

Aufstehen. Wenn du wieder aufstehst, stelle deine Füße hüftbreit, verlagere dein Gewicht nach vorne und fühle den Kontakt zum Boden auf der ganzen Fußsohle. Nun rolle den Rücken langsam, Wirbel für Wirbel, nach oben, bis du wieder ganz aufrecht stehst und strecke dann langsam die Beine. Atme noch ein letztes Mal tief in den Bauch ein und langsam wieder aus. Hände waschen und weiter geht's!

Tipp: Auch auf Verdauung und Ausscheidung bewusst achten, kann sehr wohltuend sein.

Du Rindvieh!

Was tun nach einem blöden Tür- und Angelgespräch?

Die berühmten Tür- und Angelgespräche! Niederschwellig schnell etwas bequatschen, mit Schülern, Eltern, Kollegen, oft etwas Wertvolles. Aber an manchen Tagen hat diese Schule eindeutig zu viele Türen.

Manchmal reicht dir schon eine unglückliche Türbegegnung, um dir nachhaltig den Tag zu vermiesen. Wenn so ein Tür- und Angelgespräch richtig blöd gelaufen ist, kopiere diese Seite und schreib hier in großen, schwarzen, kritzeligen Buchstaben ganz schnell und wild durcheinander hin, was dir gerade im Kopf herumgeht. Unzensiert, bösartig, auf keinen Fall politisch korrekt. Vielleicht willst du auch deinen Gesprächspartner malen, als Rindvieh oder Hornochse. Dann nimm das Papier, knüll es fest zusammen und lass es in deiner Tasche verschwinden und zu Hause ab dafür in den Müll. Besser nicht in den Papierkorb in der Schule, wer weiß, wer es wieder herauszieht. Und Sinn der Sache ist es ja, ohne Schere im Kopf, einfach drauflos-zuschreiben. Wenn du es zusammenknüllst, lege all deinen Ärger hinein und lass die bösen Gedanken los.

Und dann: Tür zu, abhaken und weiter geht's mit deinem erfolgreichen und ausgeglichenen Schultag.

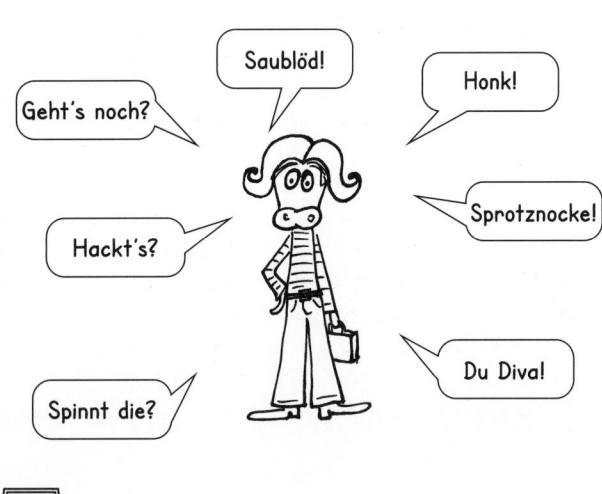

Der Trick mit den Türen

Türen. Jede Schule ist voll davon. Das kannst du dir zunutze machen. Setze jedes Mal, wenn du durch eine Tür gehst, innerlich einen großen Haken hinter alles, was gerade war.

Das fängt schon morgens an, Haustür zu – Die Streitereien am Frühstückstisch bleiben im Haus. Wenn du die Autotür auf dem Schulparkplatz zuschlägst, lässt du alle Ärgernisse deines Schulweges hinter dir.

Spätestens, wenn du durch die Eingangstür gehst, bist du angekommen in deiner Lehrerinnenrolle.

Wenn du die Klassenzimmertür schließt, um die Schulstunde zu beginnen, zählt nur noch das Hier und Jetzt, diese Klasse, diese Stunde.

Wenn sie vorbei ist, und du den Klassenraum verlässt, bleibt sie mit allen Hochs und Tiefs hier, während du mit einem großen Schritt durch den Türrahmen in die Pause gehst.

Auch wenn eine Stunde so richtig doof gelaufen ist, und du dir den Kopf zerbrichst, wie du mit den Schülern je fertigwerden wirst. Jetzt ist es vorbei, jetzt kommt was Neues.

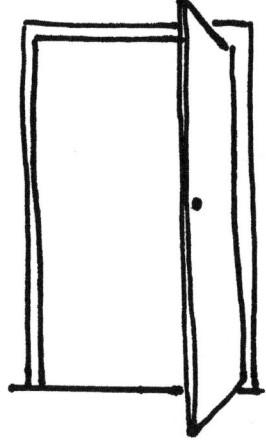

Der Trick mit den Türen ist in deinem Lehrerinnenalltag besonders hilfreich, weil du mit so vielen verschiedenen Anforderungen in verschiedenen Zeitabschnitten konfrontiert bist und gedanklich schnell umswitchen musst. Pause vorbei oder Stunde vorbei, einatmen, ausatmen, ein großer Schritt durch die Tür und hier bist du wieder im Jetzt.

Und weiter geht's zu neuen Abenteuern!

Hmmmmmm … wie lecker, ommmmm … wie schön –
Eine Kaffeetasse bemalen

Seinen Kaffee oder Tee aus einer schönen Tasse zu trinken, ist jeden Tag aufs Neue ein Quell der Freude. Schluss mit Werbetassen, hässlichen Verlegenheitsgeschenken und angeschlagenen Uraltpötten. Halte Ausschau nach deiner neuen Lieblingstasse – beim Einkaufsbummel, auf dem Flohmarkt, beim Stöbern im Internet. Wenn du sie siehst, werdet ihr euch erkennen, ganz sicher.
Oder vielleicht hast du Lust, selbst eine Tasse zu bemalen? In einigen Städten gibt es Läden, in denen du einen Porzellanrohling kaufen und vor Ort bemalen kannst. Ansonsten gibt es auch im Bastelladen Farben, mit denen du die Tasse bemalen und sie dann im eigenen Backofen brennen kannst.

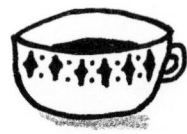

Survivalkit für die Konferenz

Zieht sich die Konferenz wieder mal ewig? Dir fallen die Augen zu und in deinem Kopf kreist nur der Gedanke „Ich habe keine Zeit/keine Energie für den Quatsch!" Hier stell ich dir ein paar kleine Kniffe vor, mit denen du die Zeit gut überstehst und schließlich wach und entspannt aus der Konferenz herauskommst.

Kleine Veränderung, große Effekt:

* Ein Trick aus der Business-Welt, den du vielleicht mal für eure Konferenzen vorschlagen könntest: Haltet einen Teil der Konferenz im Stehen ab. Abwechslung regt an, Stehen ist gesund und es sorgt für kürzere Besprechungen.

Wachmacher:

* **Schneller Wachmacher:** Statt der dritten Tasse Kaffee: Wenn deine Augenlider schwer werden, halte dir eine gekühlte Flasche Wasser an die Handgelenke. Zumindest kurzfristig kommt dein Kreislauf wieder auf Touren.

* **Schluss mit stickig:** Sorge für regelmäßiges Stoßlüften. Sei diejenige, die die Fenster öffnet und schließt. Das hält dich in Schwung und während alle einen Schwung neuen Sauerstoff bekommen, bekommst du noch extra Bewegung.

* **Müde Augen entspannen:** Die Augen kurz schließen, wieder öffnen und abwechselnd nach links und rechts und anschließend nach oben und unten blicken.

* **Kauen macht wach:** Tatsächlich wahr, Kauen fördert die Konzentration. Kurz überlegen, ob Kaugummikauen wohl unangebracht ist.

* **Zählen von 1 bis 100:** … und zwar abwechselnd von vorne und von hinten, also 1, 100, 2, 99, 3, 98 usw. Die Steigerung ist das Zählen in Zweierschritten, 1, 100, 3, 98, 5, 96 usw.

Für bessere Konzentration:

* **Über-Kreuz-Übungen** regen die Zusammenarbeit beider Gehirnhälften an und fördern so die Flexibilität deiner Gedanken. Reibe mit der linken Hand dein rechtes Ohr und dann andersherum.

* **Mitschreiben:** Auch wenn es eigentlich unnötig ist, mitschreiben macht nicht nur aufmerksamer, es hält wach. Klar, schließlich bist du aktiv und damit beschäftigt, die wichtigen Informationen herauszufiltern und systematisch zu notieren. Wenn das nächste Mal ein Protokollführer gesucht wird, hoch die Hand.

* **Omega-3-Fettsäuren** und Vitamin B sind konzentrationsfördernd. Plane also ausreichend Fisch, Spinat und Brokkoli ein, wenn die Konferenz ansteht. Zucker sorgt natürlich für einen kurzen Energieschub, verpufft aber auch ebenso schnell.

* **Kritzeln,** malen, Zeichnen üben.

* **Zuckerschub:** Schokolade, Kuchen für alle (s. Angeberkuchen, S. 70).

Und wenn es mal nicht so relevant ist: Wegträumen und die Zeit gut für dich nutzen

* **Belohnung in Sicht:** Mach ein kleines Gedankenspiel: Was erwartet dich Schönes, wenn du die Konferenz überstanden hast? Ein Schaumbad, ein leckeres Schokocroissant vom neuen Bäcker an der Ecke, ein schöner Heimweg durch den Sonnenschein.

* **Lauschen und atmen:** Lausche deinem Atem. Das ist immer gut genutzte Zeit, wenn es langweilig wird. Spüre deine Füße auf dem Boden und sitze aufrecht. Und lausche, in dich hinein und um dich herum, was ist zu hören, im Raum, draußen, wie klingen die Stimmen der Kollegen, hörst du deinen Sitznachbarn atmen?

* **Such dir drei Wörter aus,** die du in den Beiträgen deiner Kollegen zählst und wette mit dir selbst, wie oft sie wohl in den nächsten 10 Minuten fallen. Das funktioniert natürlich auch im Wettstreit mit deiner Sitznachbarin.

* **Wenn sie ein Tier wäre,** welches wäre sie? Überlege dir die passenden Tiere für Kollegen und Kolleginnen.

* **Schreib** dir **Briefchen** mit einer Kollegin. Was deine Schüler können, kannst du allemal.

* **Lerne** unter dem Tisch Vokabeln für den nächsten Urlaub.

Fitness-Minis:

* Durchblutung ankurbeln: Die Beine im rechten Winkel aufstellen, dann die Füße abwechselnd auf die Zehen rollen, bis die Waden angespannt sind, und wieder abrollen und die Zehen vom Boden heben. Abwechselnd mit den Füßen in den Boden drücken, ohne dass man von außen etwas sieht.

* Ein Knie anheben und den Fuß abwechselnd in beide Richtungen kreisen lassen.

* Aufrecht sitzen, die Arme seitlich hängen lassen, die rechte Hand zu einer Faust ballen und langsam immer fester drücken. Die Faust einige Sekunde gedrückt halten, dann plötzlich entspannen. Die Übung mit der linken Hand wiederholen.

* Abwechselnd die Pobacken anspannen.

* Mache Beckenbodenübungen: Versuche, dein Fußgewölbe zu heben. Ferse, große und kleine Zehe auf den Boden pressen, die anderen drei Zehen möglichst entspannt und lang am Boden liegen lassen.

* Bauchmuskeln trainieren: Aufrecht sitzen.

  * Ein Knie bis kurz unter die Tischkante anheben. Mit der Hand des Gegenarms gegen den Oberschenkel drücken und die Position für einige Sekunden halten.

  * Ellenbogen auf den Tisch legen. Gewicht auf die Ellenbogen verlagern und dabei die Bauchmuskeln anspannen. Einige Sekunden halten.

  * Beine einen Millimeter vom Boden abheben.

Gestalte dieses Bild fertig!

Gruselige Monster fressen, was mich stresst!

Ganz schön stressig?
oder Warum Stress eigentlich glücklich macht

Mehr als die Hälfte aller Deutschen empfindet ihren Alltag als stressig. Folgende Gründe werden am häufigsten genannt: das Organisieren mehrerer Aufgaben gleichzeitig, Konflikte und einen hohen Termin- und Leistungsdruck im Job. Immer wieder liest man von den Gesundheitsrisiken durch Stress. Aber macht Stress wirklich immer krank?

Diese Vermutung stimmt nur teilweise. Natürlich sollen Stresserkrankungen und Burn-out hier nicht verharmlost werden. Großes Engagement und die Bereitschaft zur Selbstausbeutung, um allen Anforderungen gerecht zu werden, ist bei Lehrern weit verbreitet, wodurch sie höchst anfällig für das Burnout-Syndrom sind. Das muss aber nicht so sein.

Stress hat auch positive Auswirkungen. „Nicht immer sind äußere Umstände die Ursache für die Anspannung, oft ist es auch eine Frage der inneren Einstellung", heißt es im Stressreport der Techniker Krankenkasse. Eine Befragung ergab, dass Menschen, die mit ihrem Lebensweg vollauf zufrieden sind, sich viel seltener gestresst fühlen, als diejenigen die mit ihrem Leben hadern. Eine groß angelegte Studie in den USA mit nahezu 30 000 Teilnehmern zeigte den Zusammenhang von Stress und Todesfällen. Wie zu erwarten, war das Risiko zu sterben für Menschen höher, die in den letzten Jahren viel Stress hatten. Allerdings galt das – und das ist das Überraschende – nur für Menschen, die glauben, dass Stress der Gesundheit schadet. Menschen, die ebenfalls viel Stress hatten, ihn aber nicht für schädlich halten, hatten die niedrigste Sterbequote, 17 Prozent weniger als die Vergleichsgruppe.

Was ist Stress überhaupt?
Der Duden definiert „erhöhte Beanspruchung, Belastung physischer und psychischer Art". Klar ist: Stress gehört zu unserem Leben. Leben heißt, sich anzustrengen und schwierige Situationen zu meistern, mit Sorgen und Prüfungen umzugehen, Verluste zu verarbeiten. Das Ziel eines stressfreien Lebens ist weder möglich noch wünschenswert. Wer will immer nur im ruhigen Wasser dahin schippern? Das Vermeiden von Stress ist nicht immer möglich und nicht ratsam, wenn es bedeutet, Schwierigkeiten auszuweichen und Probleme zu ignorieren. Das macht nämlich krank, verursacht Magengeschwüre und Depressionen. Von Stressforscher Hans Selye stammt der schöne Ausspruch „Stress is the spice of life." Stress bedeutet Anspannung, bedeutet, dass in unserem Leben gerade viel passiert, dass es viele Herausforderungen gibt. Ohne die Erfahrung von Stress und der Bewältigung solcher Situationen fehlt unserem Leben die Würze, die Herausforderung, der Nervenkitzel, es wäre um aufregende Erfahrungen ärmer. Die Psychologin Kelly McGonigal fragt: **„Was bliebe vom Leben übrig, wenn wir alle stressreichen Tage daraus streichen würden?"** Alle Erfahrungen, an denen wir gewachsen sind, Leistungen, die uns stolz machen, Beziehungen, die uns wichtig sind. An stressige Situationen können wir uns besser erinnern, nicht unbedingt an einzelne Details, aber an das Wesentliche. Sie prägen uns. Die Psychologin Kelly McGonigal sagt: Ein sinnerfülltes Leben ist ein stressreiches Leben. Wie das? **Stress ist ein Zeichen dafür, dass etwas Bedeutung hat. Nur Begebenheiten und Menschen, die uns am Herzen liegen, haben das Potenzial, uns wirklich in Stress zu versetzen.** Das Leben unglücklicherer Menschen zeichnet sich oft durch die Abwesenheit von Stress aus, z.B. Senioren, die gut versorgt sind und

gesundheitlich fit, aber denen die Aufgabe und das Eingebundensein in soziale Strukturen fehlt. Menschen, die in ihrem Job ständig unterfordert sind. Das hast du als Lehrerin nichts zu befürchten. Auf Dauer ist Entspannung langweilig. Der Mensch liebt Herausforderungen: ein Rätsel lösen, ein Problem bewältigen. Wenn es gelingt, weiß ich, ich habe etwas geschafft. Das macht glücklich.

Wie wirkt Stress, also erhöhte Anforderung, auf den Körper?

In Situationen, die wir als bedrohlich und gefährlich wahrnehmen, schreit unser Körper: Kampf oder Flucht! Das Herz schlägt schneller, der Blutdruck steigt, die Adern verengen sich, für den Fall, dass wir uns verletzen und Blut verlieren, so die Logik des Körpers. In einer Notsituation sinnvoll, aber dauerhaft schädlich. Situationen jedoch, die wir herausfordernd empfinden, aber nicht bedrohlich, lassen unser Herz ebenfalls höher schlagen und das Blut zirkuliert schneller im Körper und im Gehirn, das dadurch mit mehr Sauerstoff versorgt ist. Wir sind bereit für Höchstleistungen. Adrenalin macht uns wach, leistungsfähig und entscheidungsfreudig. Endorphine, die wie ein körpereigenes Morphium funktionieren, sorgen dafür, dass es uns gut geht. Somit fühlen wir uns zunächst einmal gut, lebendig und energiegeladen, wenn wir Stress haben. Eine amerikanische Studie der University of Carlifonia zeigte, dass Menschen, besonders Frauen, in Stresssituationen verstärkt für andere sorgen, für ihre Kinder, ihren Partner, die Familie und Freunde. Schuld ist das Hormon Oxytocin. In fordernden Situationen wird erst einmal das soziale Netz gestärkt, weil sich das als Schutz bewährt hat. Anderen zu helfen, in Situationen, in denen man selbst angespannt ist, scheint ein wirksames Mittel gegen negative Folgen von Stress zu sein. Wer uneigennützig handelt und anderen hilft entspannt. Für jemanden Besorgungen machen, auf die Kinder aufpassen, im Haushalt

helfen: die schädlichen Folgen von Stress bleiben aus. Nimm dir in Phasen, wo du dich gestresst fühlst und dir alles über den Kopf wächst, etwas Zeit, anderen zu helfen, auch wenn du eigentlich so viele eigene Probleme hast. Aber wer anderen hilft erlebt Selbstwirksamkeit, Motivation und Optimismus. Das Hormon Oxytocin schützt in Zeiten hoher Anspannung das Herz-Kreislauf-System und fungiert als natürlicher Entzündungshemmer. Wer kennt das nicht: Kaum sind die Ferien da, kommt die Erkältung. Sobald die Anspannung zurückgeht, wird der Körper anfälliger. Er weiß, er kann es sich leisten. Deswegen sind diese Pausen auch so wichtig. Wer regelmäßig Pausen im Berufsalltag schaffen kann, für den schlägt Stress nicht so leicht in etwas Bedrohliches um. Das ist die gute Nachricht für Lehrerinnen. Ferien unterteilen das Schuljahr in kleinere Abschnitte. Wenn es dir gelingt, die Ferien als tatsächliche Erholung zu nutzen, in denen du etwas ganz anderes tust und zu einem anderen Tempo findest, dann kann der Stress im Schulalltag etwas Positives für dich sein.

» Stress dämpft Furcht und macht mutiger.
» Stress spornt an. Manchmal blüht man geradezu auf, schafft Aufgaben in erstaunlich kurzer Zeit, empfindet eine neue Begeisterung für seinen Job.
» Stress beflügelt. Vor wichtigen Terminen ist man nervös, hat Lampenfieber, schwitzige Hände. Ruhe bewahren, so ein gängiger Rat, durchatmen, runterkommen. Nein, falsch! Wer viel leisten will, braucht die Anspannung, den Stress. Verstehe ihn als Antrieb, als Sprungbrett, lass dich in die Aufgabe hineinkatapultieren und nutze die Energie, die der Stress freisetzt.

Wer Stresssituationen meistert, trainiert für zukünftige Herausforderungen. Wissenschaftler der University of Minnesota fanden heraus, dass Menschen, die schon während der High-School nebenbei gejobbt hatten, später besser gegen Stress im Beruf gewappnet waren. Durch frühzeitiges Einüben des Umgangs mit großer Belastung und vielfältigen Anforderungen hatten sie eine bessere seelische Gesundheit aufzuweisen. Wie unterscheidet sich denn nun guter Stress von bösem Stress? Böser, krankmachender Stress ist, wenn du dich einer Situation nicht gewachsen fühlst, die Lage dadurch bedrohlich auf dich wirkt. Wenn du dich von anderen Menschen isolierst und der Stress und die zu erledigenden Aufgaben sich sinnlos anfühlen, ist das eindeutig negativer Stress. Bei gutem Stress spürst du deine Energie und kannst sie für die Erledigung der anstehenden Aufgaben nutzen, kannst ihr vertrauen. Letztendlich will ich mich nicht langweilen. Ich will mehr leben, statt weniger. Ich will das machen, was ich gut kann, was ich gerne tue, und darin aufgehen. Davon auch gerne mehr. Also, Stress, ja klar!

Eine Lösung ist simpel, aber äußerst wirkungsvoll: den Stress umbenennen. „Ich bin voll im Stress!" Wie oft sagt man das dahin, auch wenn man nicht sonderlich leidet und eigentlich ausdrücken will, dass gerade ganz viel Verschiedenes gleichzeitig passiert und man wie ein Jonglage-Künstler versucht, alle Bälle in der Luft zu halten. Denk statt Stress: Anspannung. **Mein Leben ist gerade unglaublich vielseitig und aufregend.** Vermeide das Wort Stress, auch in deinen Gedanken, formuliere positiv und du wirst sehen, Gedanke werden Worte und Worte Wahrheit.

NEIN – Das verursacht Stress

Opferrolle: Klar, dass ausgerechnet mir so etwas passieren muss.

Verallgemeinerung: Mir gelingt nie etwas.

Pessimismus: Sich alle schlimmstmöglichen Fälle ausmalen.

Auf sich beziehen: Warum ruft sie nicht an? Warum hat er nicht gegrüßt? Die können mich alle nicht leiden!

Literaturtipps
Kelly McGonigal: The upside of stress: Why stress is good for you (and how to get good at it). Avery. New York 2015
Helen Heinemann: Warum Stress glücklich macht. Oder: Wieso wir aufhören sollten, zu entspannen Adeo, Assear 2015
Beltz Verlag (Hrsg.): Psychologie heute. Ausgabe 8/2015. Beltz. Weinheim 2015

JA – Tipps, um Stress für dich fruchtbar zu machen

Aufregung positiv deuten: Wenn du Aufregung nicht als Nervosität einordnest, sonders sie als Kraftquelle begreifst, führt das zu besseren Leistungen und weniger zur emotionalen Erschöpfung.

Großen Zusammenhang sehen: Nimm dir in turbulenten Zeiten einen Moment, darüber nachzudenken, was dir wichtig ist im Leben. Das nimmt einer Stresssituation die Brisanz, in dem es den Blick weitet. Ich will meinen Schülern positive Lernerfahrungen ermöglichen und ihre Neugier für das Fach wecken. Dann darf das ein oder andere Thema auf der Strecke bleiben.

Bedeutung suchen: Wer einen Sinn in seinem Tun sieht, erachtet seine Aufgaben weniger als Zumutung und fühlt sich seltener überfordert. Da ist Lehrerin natürlich einer der Berufe schlechthin, denen ein Sinn innewohnt, in einem Atemzug genannt mit Ärztin und Polizistin. Es hilft, mit Gleichgesinnten zu sprechen, die vor ähnlichen Herausforderungen stehen.

Feste Arbeitszeiten einplanen: Stress ist für mich, wenn ich immer vom Arbeiten abgehalten werde. Hier das Telefonat mit Schwiegermutter, bloß noch schnell das Geburtstagsgeschenk für die beste Freundin bestellen und die Spülmaschine ausräumen. Sobald ich am Schreibtisch sitze und den Rücken frei habe, kann ich loslegen. Dann habe ich zwar immer noch einen Berg Arbeit vor mir, im wahrsten Sinne des Wortes stapeln sich die Klassenarbeiten auf meinem Tisch, aber ich kann endlich loslegen, abarbeiten, erledigen. Ich komme voran, die Haken auf der To-do-Liste werden mehr, der Berg schrumpft. Ich erlebe mich als wirksam, erfolgreich, kompetent.

Aus der Situation heraustreten: In akuten Stresssituationen, ist es wichtig, diese zu unterbrechen, eine Pause zu machen, einen Schritt zurücktreten und sich zu fragen: Was ist wichtig? Was ist dringend? Wer kann mir helfen? Anhang dieser Fragen kannst du eine Prioritätenliste anlegen und dein weiteres Vorgehen planen. Wenn es mit einer Klasse mal wieder so richtig schiefläuft, gehe zu der Situation auf Distanz und zu deinen Gefühlen. Was ist jetzt gerade wichtig, um die Stunde einigermaßen kontrolliert zu Ende zu bringen. Alle weiteren Fragen können warten.

Mit dem Kopf bei dem, was gerade dran ist: Das Gefühl, zu viel zu erledigen zu haben, löst Stress aus. Schule, Kinder abholen, Mittagessen kochen, einkaufen, Haushalt, korrigieren, vorbereiten, Sport. Allein die Aufzählung ermüdet mich schon. Aber tatsächlich schaffst du das alles! Versuche den Tag und die Woche so zu strukturieren, dass für alles ein festes Zeitfenster eingeplant ist. Alles hat seine Zeit und bekommt dann seine Aufmerksamkeit, dann musst du nicht ständig daran denken.

Du bist selbstbestimmt: Das Gefühl in einer Tretmühle zu stecken, nicht mehr herauszukommen, nicht mehr selbstbestimmt und im Alltag gefangen zu sein, verursacht Stress. Du bist die Chefin in deinem Leben und bestimmst selbst, was du dir aufhalst und zumutest. Du kannst Freizeittermine jederzeit streichen und auch etwas weniger Energie in die Arbeit stecken, wenn es dir zu viel wird. Behalte das immer im Hinterkopf.

Heute mal alles anders

Jede Lehrerin legt sich im Laufe ihres Berufsalltags Gewohnheiten zu. Bewährtes wird wiederholt, alles, was nicht so gut funktioniert hat, wird verworfen. Das ist bequem und vernünftig. Wenn sich Abläufe immer wiederholen, kann der Kopf entspannen und die Gedanken können sich anderen Dingen widmen.

Dennoch: Mache heute mal alles anders! Raus aus der Komfortzone! Probiere etwas aus, was du noch nie getan hast. Halte eine Stunde komplett ohne Vorbereitung. Ein Thema, eine Eingangsfrage, schaue, was passiert. Oder lass die Schüler sich alle gegenseitig die Augen verbinden. Wie funktioniert Unterricht ohne Tafelbilder, Arbeitsblätter und Anschauungsmaterialien. Oder räumt zu Beginn der Stunde alle Möbel zur Seite. Welche Möglichkeiten bietet der „leere" Raum. Gehe Risiken ein! Plane nicht! Lass dich überraschen. Und wenn du scheiterst? Halb so wild. Dann weißt du, was du zukünftig nicht mehr machen wirst. Aber wer weiß, vielleicht entdeckst du ja etwas, was du in deine Routine übernehmen möchtest.

Wenn man in seinem Alltag etabliert und sicher ist, ist es manchmal erfrischend und beflügelnd, Gewohnheiten zu durchbrechen und bekannten Boden zu verlassen. Raus auf die wackligen Bretter des Schiffes und auf zu unbekannten Ufern. Das gibt einen Adrenalinschub und du wirst sehen, wenn du deine kleine selbst gesetzte Herausforderung meisterst, wirst du glücklich sein. Die Schüler sind meist träge und auch im Gewohnten verwurzelt. Aber wenn sie sich darauf einlassen, entsteht ein weiter Raum für neue Erfahrungen.

* **Projektstunde**
  Bringe einen Gegenstand mit, mit dem ihr euch in dieser Stunde beschäftigt. Eine alte Schreibmaschine, ein lebendiges Kaninchen (evtl. Allergien der Schüler abfragen), eine Salatschleuder. Nimm etwas, das dir ganz spontan in den Sinn kommt. Die Verbindung zu deinem Fach können die Schüler selbst ermitteln. Lass dich überraschen, welche Ideen kommen.

* **Lautmalen**

Laut Kommunikationsforschern prägen Körpersprache und Stimmlage unsere Kommunikation entscheidend. Oft bestimmen sie die Wahrnehmung des Gegenübers mehr als das Gesagte selbst. Die Worte stehen im Zentrum der Kommunikation und auch im Unterricht, aber Körper und Stimme sind entscheidend, damit sie überhaupt verstanden werden und komplexere Inhalte vermittelt werden können. Ausreichend laut sprechen, betonen, soweit klar. Lautmalerisch etwas zu experimentieren, verschiedenen Personen oder auch Gegenständen wie bei Hörspielen eine eigene Stimme zu geben, mag einem anfangs ungewohnt und vielleicht sogar lächerlich vorkommen, aber es zieht mit Sicherheit die Aufmerksamkeit der Schüler und prägt sich ganz anders ein als ein rein inhaltlich abstrakter Vortrag. Mit wörtlicher Rede werden die Lerninhalte lebendig, die Tangente, die sich lispelnd kokett anschmiegt, die aufbrausende Hyperbel oder die Gerade mit der coolen Stimme und dem trockenen Humor. Nur Mut zur Albernheit! Die Schüler werden sich amüsieren, du machst dich zum Affen, aber einprägsam ist es mit Sicherheit. Auch das immer gleiche Beispiel auf eine besondere Art betont geht ins Ohr, bleibt im Kopf, auch über die Schulzeit hinaus.

* **Kreative Aufgaben**

Stelle deinen Schülern mal eine Aufgabe, bei der du auch nicht so recht weißt, wie sie mustergültig zu lösen ist: Stelle pantomimisch Papier dar. Fertige aus Materialien, die du im Raum findest, ein Modell zur Erklärung von Osmose an. Nimm jeden Morgen die Zeitung mit in den Unterricht, greife einen beliebigen Artikel heraus, gerne zu Themen, die die Schüler besonders beschäftigen, und lasse sie dazu kurz Stellung nehmen. Verwende Methoden, die in deinem Fachbereich eher unüblich sind: Tanzen in Physik, Malen in Sport, Rollenspiele in Mathe, Rechnen in Deutsch (Was lässt sich in einem Gedicht alles zählen und rechnen? Gibt das einen Erkenntnisgewinn?). Nur Mut! Auch wenn du es dir selbst nicht so recht vorstellen kannst, wie das gehen könnte, ein Versuch ist es wert.

Kontrolle abgeben
Mach deine Schüler zum Lehrer

Mache deine Schüler zum Lehrer und gib Verantwortung und Kontrolle ab. Lehne dich zurück und lass sie mal machen. Beobachte und gib ihnen Zeit, sich in die neue Situation einzufinden. Leerlauf, Unsicherheiten sind in Ordnung. Das kann auf verschiedene Arten passieren:

» Die Schüler können alleine oder in 2er-Teams ein Stundenthema vorbereiten, ähnlich wie bei einem Referat. Aber sie sollten in der Form ganz frei sein bzw. angeregt werden, auch andere Formen zu wählen als einen Frontalvortrag. Sie können sich ein Rollenspiel ausdenken, um demokratische Grundwerte zu veranschaulichen. Sie können einen biologischen Sachverhalt als Tanz darstellen. Auch wenn du es mit einer Klasse nicht so leicht hast, versuche es, trau dich, vielleicht erlebst du ja eine positive Überraschung.

» Du kannst auch Schüler vernetzen, als Helfer und „Hilfslehrer" einsetzen und damit systematisch Aktivität abgeben. Das bietet sich zum Beispiel vor einer Klassenarbeit an. Wer möchte sich welches Thema noch einmal anschauen. Wer möchte es noch einmal ganz grundsätzlich erklärt haben? Wer kann es gut erklären? Wer möchte üben? Wer kann andere beim Üben unterstützen? Wer kann sich selbst gute Prüfungsfragen ausdenken, die andere Schüler dann lösen? Wer korrigiert die Übungen der anderen? Wer möchte jemand anderen abfragen? Du selbst bleibst im Hintergrund und stehst aber bei Fragen und Problemen zur Verfügung.

» Plant gemeinsam doch mal einen Projekttag unter dem Motto „Nichts". Das heißt, der Lehrer bietet nichts an und leitet nicht an. Es kann ein Thema gestellt werden, um das Ingangkommen zu beschleunigen.

» Auch gerade in Fächern wie Mathe, in denen das nicht so üblich ist, ist es einen Versuch wert. Vielleicht gibt es ja Schüler, die die Herausforderung lieben werden, sich selbstständig in ein neues Thema einzuarbeiten und es den Mitschülern zu vermitteln (den ein oder anderen, der immer denkt, er kann es besser erklären als du, gibt es doch immer).

45 MINUTEN

45 Minuten

45 Minuten

45 MINUTEN

45 Minuten

45 Minuten

45 Minuten

45 Minuten

Eine Kostbarkeit für die Hosentasche

Wer kennt das nicht: Anforderungen, Zeitdruck, Hektik – im Lehrerinnenleben geht es oft äußerst turbulent zu. Schüler, Kollegen, Eltern, Klausuren, Lehrplan, Konferenzen und dann schreibt der Mann noch eine Nachricht. Oft hat man den Kopf so voller Dinge, dass es an ein Wunder grenzt, dass man nichts vergisst. Dass man so viel bei allem anderen ist, und so wenig bei sich selbst. Dass die Gedanken durch die Luft wirbeln und sich man sich darin verliert.

Um dich in deinem fordernden Alltag immer wieder auf die Erde und zu dir zurückzuholen, kannst du dir einen kleinen Helfer besorgen: einen kleinen Gegenstand, der stabil ist und nicht zu spitze Kanten hat und in deine Hosentasche passt. Erlaubt ist, was gefällt: eine besonders schöne Muschel aus dem letzten Strandurlaub, ein origineller Knopf, ein besonders glatter Stein, eine kühle Glasmurmel oder eine flauschige Filzblüte. Immer wenn du dran denkst, lässt du kurz deine Hand in die Tasche gleiten, berührst deinen Helfer. Du streichelst ihn, spürst seine Oberfläche, seine Temperatur, bist ganz im Hier und Jetzt und dadurch erdest du dich, kommst kurz runter in dem Trubel. Manchmal reicht es auch, nur kurz daran zu denken. Er ist immer dabei, er ist dein kleines Geheimnis, nur für dich.

Reiner Kunze
möglichkeit, einen sinn zu finden

Durch die risse des glaubens schimmert
das nichts

Doch schon der kiesel
nimmt die wärme an
der hand

(Rainer Kunze, möglichkeit, einen sinn zu finden. Aus: ders., gedichte.
© S. Fischer Verlag GmbH, Frankfurt am Main 2001)

Die Entdeckung der Langsamkeit

Entdecke die Ruhe und Langsamkeit in deinem Unterricht. Mache dir bewusst: Der Weg ist das Ziel. Das was ihr gerade jetzt macht, darum geht es in der Schule. Erklären, üben, versuchen, zu verstehen, hinterfragen, überlegen, nach Lösungen suchen, scheitern, es erneut versuchen. Natürlich auch Regeln durchsetzen, zwischenmenschliche Probleme und Problemchen lösen, Lernbereitschaft fördern. Auch wenn dir die Lernziele des Schuljahres im Nacken sitzen, lass Curriculum Curriculum sein, jetzt zählt, was gerade jetzt zählt. Das Wichtige ist nicht das Erreichen von Zielen, das Abschließen des Schuljahres, die Klausur, das Kapitel im Buch, sondern die Lernsituation jetzt. In aller Ruhe. Denn, wenn du dem Problem, das die Klasse genau jetzt beschäftigt, Raum und Zeit gibst, ist es danach wirklich abgeschlossen und erledigt und es gibt Kapazitäten für Neues.

Des Meeres und der Atmung Wellen
Der Atem als Spiegel unserer Emotionen

Atmen heißt leben, leben heißt atmen. Selbst wenn wir nichts bewusst dafür tun, arbeitet unser Körper für uns. Er saugt die neue, kühle, frische Luft voller Sauerstoff ein und gibt sie leicht erwärmt wieder ab. Wir müssen uns um nichts kümmern, wir werden geatmet. Eine schöne Vorstellung.

Der Atem fließt hin und her, ein und aus, wie die Wellen des Meeres, unaufhörlich. Mal wird der Atem wild und aufgewühlt, mal ruhig und gemächlich. Der Atem ist Spiegel unserer Emotionen, unseres Innenlebens. Wer nicht spürt, was im eigenen Körper vor sich geht, kann auch schlecht seine Wünsche und Bedürfnisse wahrnehmen. Wer hingegen empfindet, was gut für ihn ist, trifft passendere und klarere Entscheidungen. Wir können lernen, bewusst zuzuhören und dadurch eine Verbindung zu unserem Inneren herzustellen. Und wir können lernen, durch bewusstes Atmen, Einfluss auf unsere Emotionen zu nehmen. Tiefes, ruhiges Atmen schenkt uns Freude und Ruhe. Gerade wenn du ganz viel, ganz schnell erledigt hast, schnell noch einen Klassensatz Arbeitsblätter kopiert, der Kollegin das Buch zurückgegeben und mit einer Schülerin ihr Referatsthema besprochen, schnell quer durchs Gebäude zum neuen Klassenraum geflitzt, für eine Pinkelpause keine Zeit und es gerade zum Gong geschafft hast. Nutze Ruhephasen in den Unterrichtsstunden, wenn die Schüler still etwas bearbeiten oder durchlesen, um kurz in dich zu tauchen und dich in dir selbst umzuschauen. Alles klar hier drinnen?

Wenn wir uns auf unseren Atem konzentrieren, sehen wir auf unser Leben und alles, was ganz ruhig und unaufgeregt im Hintergrund unseres Alltags ständig passiert und tatsächlich die Essenz unseres Lebens ist. Der Atem zeigt dir, wie es dir gerade geht. In Stresssituationen atmen wir flach und hektisch und nutzen nur einen Bruchteil unseres Atemvolumens. Das macht längerfristig krank. Nimm dir die Ruhe, bewusst ein paar Atemzüge zu beobachten und deine Atmung dann zu vertiefen und zu verlängern. Für die Schüler nicht zu sehen, für dich goldwert.

Mit etwas Übung kannst du auch während des Unterrichtens mit einem Teil deiner Aufmerksamkeit immer mal wieder auf deinen Atem schielen und auf das Meer in dir hören, den Wellen lauschen, deine Gefühle schwappen hören und dadurch in Verbindung zu dir selbst bleiben. Schiff ahoi!

Stimmhygiene

Deine Stimme ist ein Instrument, dein wichtigstes Arbeitsinstrument. Du diskutierst, liest vor, leitest an, diktierst, den ganzen Tag sprichst du. Deine Stimme ist ein kostbares Handwerkszeug. Deine Schüler empfinden deine Stimme als angenehm, wenn sie klangvoll, lebendig und variantenreich ist, wenn du in angemessener Geschwindigkeit und Lautstärke sprichst. Den Lärmpegel allein durch Lautstärke übertreffen zu wollen, ist tödlich – für die Nerven der Schüler und deine Stimmbänder. Über 50 % der Lehrer klagen über stimmlich bedingte Probleme. Kein Wunder, Redensarten wie „Sie ist schlechter Stimmung" oder „Sie hat ein Stimmungshoch" kommen nicht von ungefähr. Die Stimme und die Psyche sind eng verknüpft. Bei Menschen mit Depression klingt die Stimme meist monotoner und leiser. Lebendig und verständlich zu sprechen, beeinflusst die Atmosphäre im Klassenraum positiv.

Bauchatmung

Tief in den Bauch zu atmen, ist die entspannteste Art zu atmen. Klingt einfach und einleuchtend, aber viele Menschen können das auf Anhieb gar nicht mehr, haben es sich abgewöhnt. Probiere es einmal in einem ruhigen Moment: Lege dich auf den Boden. Lege die rechte Hand unterhalb des Bauchnabels auf deinen Bauch, die linke Hand auf deine Brust. Liege ruhig und entspannt und lausche deiner Atmung. Atme dann in immer tieferen, vollen Zügen dorthin, wo die rechte Hand liegt, in den Bauch. Spüre, wie die Hand sich hebt und senkt. Wenn die Bauchatmung funktioniert, probiere zum Vergleich auch die Brustatmung und atme so, dass deine linke Hand sich hebt und senkt. Mit ein wenig Übung kannst du die entspannende Bauchatmung auch in deinem Alltag an jedem beliebigen Ort praktizieren und für Harmonie in deinem Körper sorgen.

10 goldene Regeln für das Schonen deiner Stimmbänder

Rahmenbedingungen. Täglich 2–3 Liter Wasser trinken und öfter mal frische Luft in den Klassenraum lassen.

Ruhe. Versuche den Umgebungslärm so weit möglich zu reduzieren. Fenster schließen, Beamer ausschalten.

Stimme aufwärmen. Mach es dir zur Routine, deine Stimme morgens aufzuwärmen (s. Stimme aufwärmen, S. 19).

Heiserkeit vorbeugen. Wenn du erste Warnsymptome wie Heiserkeit, verstärktes Räuspern und Schluckbeschwerden bemerkst, schon dich. Und zwar konsequent.

Warten statt schreien. Statt die Schüler lautstark zur Ruhe zu ermahnen und selbst davon genervt zu sein, einfach mal ganz gelassen eine Minute warten. Klappt erstaunlich gut. Und funktioniert sowohl am Anfang der Stunde als auch zwischendrin. Ausprobieren!

Ohne Worte. Nonverbale Zeichen im Unterricht etablieren, um für Ruhe zu sorgen, z. B. einen Gong.

Rede in normaler Lautstärke statt permanent mit erhobener Stimme. Wenn du mal zu Unterrichtszeiten durch die Gänge des Schulhauses läufst, wirst du hören, dass fast jeder Kollege mit erhobener Stimme spricht. Die Schüler gewöhnen sich daran und können aus ihrer Sicht entsprechend leise tuscheln und immer noch alles hören.

Weniger Reden. Leichter gesagt als getan. Ja, schon. Aber versuch mal, wirklich nur das Nötigste zu sagen:
» Organisation (Gruppen einteilen, Arbeitsaufträge geben, jemanden bestimmen, der vorliest …),
» Soziale Interaktion (Begrüßung, Lob …)
» Wirklich wichtige Unterrichtsinhalte (Das ist der Knackpunkt. Mehr hilft nicht mehr. Je mehr du sprichst, desto weniger merken sich die Schüler. Also: nur die wesentlichen Inhalte in einem kurzen, lebendigen Vortrag vorstellen.)

Aus dem Bauch sprechen. Versuche, dich mehrmals in der Stunde daran zu erinnern, aus dem Bauch zu sprechen. Dazu muss dein Atem bis in den Unterbauch gelangen, was natürlich nicht funktioniert, wenn du ständig den Bauch einziehst, ein weit verbreitetes Frauenproblem. Bei der Bauchatmung soll sich der Unterbauch vorwölben. Spüre die Erdung durch die Füße und die Kraft in deiner Körpermitte und dadurch kannst viel lauter und kraftvoller sprechen.

Mit der Stimme spielen. Moduliere mit deiner Stimme und sprich deutlich, denn präzise Artikulation spart Kraft. Setze Sprechpausen, das ist gut zum Zuhören und gut für dich.

Selbstboykott

oder Warum wir meist selbst unsere größten Kritiker sind

Immer die anderen

Unser größtes Problem heißt: Selbstboykott! Stimmt nicht? Die Kollegen haben meine Idee abgeschmettert, die Klasse ist so wahnsinnig unruhig, mein Partner könnte mich ruhig mehr unterstützen … Oft fühlen wir uns von anderen im Stich gelassen. Aber wer die Fehler und Ursachen für Probleme immer bei anderen sucht, dreht sich immer weiter in der Spirale der Beschuldigung, Klagen und des Selbstmitleids. Raus aus der Opferrolle! Natürlich verhalten sich deine Mitmenschen nicht optimal und verursachen für dich dadurch ungute Situationen. Aber du kannst sie nur bedingt ändern, daran verschwendet man meist eine Menge wertvoller Energie. Frage dich stattdessen: **Wie kann ich mich selbst mehr unterstützen?** Das ist ein sehr wirkungsvoller Perspektivwechsel.

Ich krieg nie was gebacken

Die Psychologin Kristine Schneider nennt Selbstboykott die Kunst, weniger aus mir zu machen, als ich eigentlich bin. Ich schmiede einen Plan, der gut ist, ich bin besten Willens und motiviert, traue es mir zu, bis es zur tatsächlichen Umsetzung kommt. Dann ist plötzlich Schluss. Ich bleibe stehen, gehe nicht weiter, breche ab. Plötzlich finde ich den Plan ungeeignet, zu gewagt, verfrüht. Ist es der innere Schweinehund, der so stark sind, und ich zu schwach, um ihm etwas entgegenzusetzen? Für Vermeidungsstrategien ist immer ausreichend Energie vorhanden. Plötzlich muss der Schreibtisch geputzt werden, Unterlagen sortiert und der Kleiderschrank ausgemistet werden. Im Kopf ständig das schlechte Gewissen, wieder nicht den Anfang gemacht zu haben, Frustration, Druck, Selbstvorwürfe. Ich bin dumm und faul und kriege mal wieder nichts auf die Reihe. Reiß dich jetzt mal zusammen. Ein Teil von mir will voran, ein anderer Teil bremst. Die Konsequenz? Ich komme nicht vom Fleck, verbrauche jede Menge Energie und kann mich selbst immer weniger ausstehen. Die Diagnose? In mir arbeitet ein innerer Konflikt. Ein psychischer Mechanismus, der dem Prinzip folgt: Wenn ich mir nicht 100 % sicher bin, lasse ich es lieber und bleibe bei Bewährtem, nicht dass sich das Neue als falsch und schlecht erweist. Selbstboykott stellt sicher, dass nichts Unvorhergesehenes geschieht. Wer eine

Ausweichroute wählt, sobald etwas Beunruhigendes und Herausforderndes auf einen zu kommt, boykottiert seine Abenteuerlust. Unsicherheit, Angst, Verwirrung sind keine angenehmen Gefühle. Um sie zu verhindern und möglichst schnell zu überwinden, suchen wir nach Sofortlösungen, nach Abkürzungen, wir übergehen unsere wahren Gefühle. Die Selbst- und Fremddiagnose: Wahrscheinlich willst du es gar nicht wirklich. Bleib da, wo du bist und lasse es bleiben, leg es zu den Akten. Und die Lösung? Klug mit unseren inneren Blockaden umgehen. Anstatt gegen dich selbst zu argumentieren, gegen dich selbst Partei zu ergreifen, **schlag dich voll auf deine Seite. Sei mutig und sei nachsichtig und liebevoll mit dir selbst.** Es gibt Situationen, die dir Angst machen? Das ist in Ordnung, das ist völlig normal. Du bist nicht Super-Woman. Nimm deine Angst, dein Unbehagen wahr, beurteile die Situation rational und kühl und wenn du dich entscheidest, es dennoch zu wollen, atme tief ein, und mach einen großen Schritt, heb den Hörer ab, oder was immer es braucht. Mir hat es geholfen, mir ein kleines ANGST-Bild über den Schreibtisch zu hängen. Dadurch dass ich meine Angst erkenne und mich mit ihr konfrontiere, kann ich ihr besser begegnen und verliere mich nicht in anderen Entschuldigungen und Ablenkungen, die eigentlich mit dem Problem nichts zu tun haben.

Keiner versteht mich!

Keiner versteht mich! Diesen trotzigen Vorwurf an die Menschheit hat wohl jeder schon einmal gedacht. Problematisch wird es, wenn sie sich verfestigt und über längere Zeit vorherrscht. Jeder Mensch hat die Sehnsucht, sich von anderen verstanden zu fühlen. Mit dieser Keiner-versteht-mich-Haltung isoliert man sich und baut einen Schutzwall um sich herum. Aufgrund der Annahme, dass mich eh keiner wirklich versteht, behalte ich meine wahren Meinungen und Gefühle für mich. Stattdessen gebe ich mich meinem inneren Dialog hin. Was die schon wieder gesagt hat, unmöglich! Warum der das nie zugeben kann! Alles Idioten! Gut unterhalten vom inneren Kino, bleiben wir uns selbst genug. Wir lassen das Negative, das Destruktive, nicht ohne Hemmungen heraus. Wir bevorzugen es, still zu bleiben, ein wackeliger Frieden. Die Kollegen und Mitmenschen riechen den Braten, unsere Körpersprache signalisiert die eigene Unzufriedenheit. Wenn wir so weitermachen, sind unsere Gedanken irgendwann von Destruktion durchdrungen, wir können von niemandem mehr gut denken, macht innerlichen Anklagen, Forderungen, und kritisieren jeden und alles zwanghaft, werden richtige Besserwisser. Wie ausbrechen aus dieser Negativspirale? **Tu etwas Gefährliches! Such das Gespräch, offenbare deine Gefühle. Sage, was du denkst.** Der andere muss nicht deiner Meinung sein, aber dir zuhören, deine Position verstehen. Komm wieder in Kontakt zu deinen Mitmenschen, in die ehrliche Auseinandersetzung. Es kostet oft eine Riesenüberwindung, jemand auch mal offen zu kritisieren. Aber wenn du vorsichtig, höflich und dennoch ehrlich bist, wird dein Gegenüber vielleicht erst einmal schlucken, aber dann dankbar sein für das Gespräch.

Mit mir stimmt etwas nicht

Wer kennt das nicht: Die Gedanken drehen sich im Kreis, gefangen in der Vorstellung „Mit mir stimmt etwas nicht", „Das werde ich niemals schaffen" und „Ich bin nicht gut genug". Ständige Selbstzweifel, geradezu ein Zwang, darüber nachzugrübeln. Wenn man Entscheidungen treffen muss, wird es zur Qual, so viele Eventualitäten, denen man nicht gewachsen sein könnte. Der Grund für das Gedankenkarussell scheint erst einmal vernünftig: Wir wollen uns vor Enttäuschungen, Ablehnung und Blamage schützen. Aber tatsächlich ist es das Gedankenkarussell selbst, das hemmt und lähmt. Das Nachdenken über das Problem ist das eigentliche Problem. Man sucht regelrecht nach Gründen, eine Herausforderung nicht anzunehmen, man sucht nach Hürden und Fallen und wenn man nur lang genug sucht, fällt einem schon etwas ein. Die Lösung ist so einfach, dass es einem absurd und unwahrscheinlich erscheint: Hör auf, ständig über dich selbst nachzudenken. Du darfst eingreifen, du darfst manche Gedanken zur Seite schieben oder einfach fallen lassen. Kann ein so quälendes Problem wirklich eine so einfache Lösung haben? Ja! Wenn du merkst, dass du dich wieder einmal aufs Karussell schwingst und deine Gedanken die gewohnten, negativen Bahnen ziehen, zieh ganz bewusst die Notbremse. Nein, ich möchte nicht darüber nachgrübeln. Stattdessen tue ich etwas, was mir Freude bereitet oder denke bewusst an etwas Schönes. Sich seinen Gedanken nicht ausgeliefert fühlen, gibt einem ein Gefühl von Freiheit und Leichtigkeit. Wenn wir uns immer selbst in Frage stellen, können wir uns nie dem Leben widmen. Hör auf damit, nur über dich nachzudenken! Es gibt so viel zu tun, zu erleben, zu lernen. Scheitern ist Teil des Lebens. Also, einfach drauf los, ohne viel zu grübeln. Tu, was du magst, genieße, was du gerne machst. Erlebe die Welt, sehe sie, höre sie, fühle, rieche und schmecke sie. Wenn du dich im eigenen Kopf in deinem Selbstmitleid im Kreis drehst, bist du blind für die Wunder der Welt. Öffne die Augen, öffne dein Herz und begegne der Welt, ohne Angst, unverzagt und mutig!

Nickerchen

Keine falsche Scheu! Ein kurzer Mittagsschlaf ist das Entspannendste und Vernünftigste der Welt und ein echter Vorteil des Lehrerberufs. Heimkommen, Füße hoch, Augen zu und einfach mal abschalten, so richtig. Dein ganzes System fährt einmal herunter, Körper, Geist und Seele kommen zur Ruhe, schöpfen Kraft und wir fühlen uns wieder leistungsfähig und fit, wenn wir es richtig angehen.

Die 5 ultimativen Aufwachtipps

Nur 10–20 Minuten schlafen: Nach 30 Minuten beginnt die Tiefschlafphase und das Aufwachen wird schwer und wenig erfrischend.

Vor dem Nickerchen eine Tasse Kaffee trinken: Klingt komisch, ist aber wirkungsvoll. Das Koffein entfaltet erst nach ungefähr 20 Minuten seine Wirkung. Der perfekte Aufwachhelfer.

Kühle Teelöffel auf die Augen: Teelöffel kurz unter kaltes Wasser halten, abtrocknen und mit den gewölbten Seiten sanft auf die geschlossenen Augenlider drücken. Alternativ: Augencreme im Kühlschrank aufbewahren.

Wenn der Apfel fällt: Diesen Aufwachtrick kannte schon Malergenie und Meister des Mittagsschlafs Salvador Dalí, allerdings mit einem Löffelchen und einer Untertasse. Halte einen Apfel in der Hand und lass deinen Arm über den Sofa- und Bettrand hinaushängen. Sobald du in den Tiefschlaf fällst, entspannen sich die Muskeln in Hand und Arm und der Apfel fällt zu Boden.

Einmal strecken bitte! Stretching tut gut und vitalisiert den Körper. Mach dich erst einmal ganz groß und lang. Strecke im Stehen die Arme zur Decke und zieh dich in die Länge. Danach tut es besonders gut, sich über die leicht angebeugten Beine auszuhängen, Kopf und Rücken ganz entspannt von der Schwerkraft nach unten ziehen zu lassen. Drehungen des Oberkörpers massieren die inneren Organe und lassen uns den Körper spüren. Setze dich dazu aufrecht auf einem Stuhl oder im Schneidersitz auf dem Boden und drehe dann in dieser aufrechten Haltung behutsam den Oberkörper, die Schultern und den Kopf langsam zu einer Seite, während die Hüfte und Beine sich nicht bewegen. Um etwas weiter in die Drehung zu kommen, kannst du deine linke Hand außen an dein rechtes Knie legen und sanft drücken. Bleibe hier zwei Minuten, während du tief atmest und wiederhole die Übung auf der anderen Seite.

Energize-Tipps
für zähe Korrektur-Nachmittage

Lege dir einen Igel-Massage-Ball auf den Schreibtisch. Igel- oder Noppenbälle gibt's in der Drogerie. Online findet man auch Varianten aus Holz oder Metall. Immer wenn du merkst, dass deine Konzentration nachlässt, rolle den Ball mit der Handfläche auf dem Tisch und schließe dabei die Augen. Durch kreisendes Rollen des Balls mit leichtem Druck der Handfläche oder durch Rollen des Balls unter den nackten oder besockten Fußsohlen entsteht ein wärmendes, entspannendes Wohlgefühl. Das fördert die Durchblutung und stimuliert die Reflexzonen. Du wirst wieder fokussiert und weiter geht's.

Energie-Boost-Cocktails

Der Frische
```
3 saftige Orangen
1 Stück frischen Ingwer
```

Besonders viel Aroma gibt frischer Ingwer ab, wenn man ihn ganz fein zerkleinert. Das geht gut mit einer Knoblauchpresse. Ingwer schälen mit einem Messer oder Sparschäler und in groben Stücken portionsweise durch die Knoblauchpresse drücken. Orangen auspressen, Saft mit dem Imgwer mischen, gut umrühren. Garniert mit einer Scheibe Orange ist dein Schreibtisch auf einmal the place to be.

Der Karibische
```
1/2 Ananas
1/2 Mango
1 Limette
1/2 Vanilleschote
1 EL Kokosflocken
```

Die Basis sind Ananas und Mango. Beides würfeln und pürieren. Dazu der Saft einer ausgepressten Limette für die Frische, das ausgekratzte Mark der Vanilleschote für die edle Geschmacksnote und zur Krönung Kokosmilch und -flocken für die unwiderstehliche Cremigkeit und das karibische Gefühl. Alles noch einmal gut durchpürieren oder im Standmixer, evtl. auch mit Eiswürfeln, mixen.

Der Leckere

```
250 ml roter Traubensaft
100 ml Orangensaft
1 Banane
```

Die beiden Säfte zusammengießen. Die Banane schälen, in Stücke brechen und pürieren, zum Saft geben. Lecker!

Der Schnelle

```
100 ml Cranberrysaft
100 ml Orangensaft
2 EL Sanddornsaft
50 ml Mineralwasser
```

Säfte vermischen und mit Mineralwasser aufgießen. Raffiniert, sprudelig, ein Hochgenuss!

Der Grüne

```
1/2 Banane
1/2 Handvoll Erdbeeren (TK)
1 Stück Salatgurke (5 cm)
1/2 Handvoll Kopfsalat
1/2 ausgepresste Orange
1 EL Chiasamen
1/2 EL Sesampaste (Tahin)
1,5 EL Agavendicksaft
0,5 l Reismilch
```

Vegan, nahrhaft, ungewöhnlich lecker! Dieser Drink hat es wirklich in sich. Der bringt Power für den ganzen Nachmittag. Banane und Erdbeeren in den Mixer geben und pürieren. Chiasamen, Agavendicksaft, Tahinpaste und Orangensaft dazugeben. Gurke ungeschält in Stück schneiden und Salat klein zupfen und ebenfalls in den Mixer geben. Die Zutaten mit Reismilch aufgießen und alles gut mixen.

Wand der Inspirationen

Sammle, was dich inspiriert, und gestalte die Wand vor deinem Schreibtisch mit Zitaten, Postkarten, Bildern aus Zeitschriften, Fotos von Freunden, schönen Sätzen aus der Zeitung, berühmten Persönlichkeiten, Filmfiguren und, und, und. Die Wand ist immer im Wandel und verändert sich stetig, sobald du etwas Neues entdeckst, was dich anspricht. Ein bunter Stilmix ist fröhlich und führt dir vor Augen: Du bist eine vielseitige Frau mit vielen Facetten und bei weitem nicht ausschließlich Lehrerin.

Wenn du es in deinem Arbeitszimmer lieber schlicht magst, kannst du Bilder und Ähnliches auch in deinem Kalender sammeln, dort am Tag der Entdeckung einkleben oder später daraus Collagen erstellen und dieses beispielsweise als Deckblatt einer Mappe oder deines Lehrerkalenders verwenden.

Büchlein des guten Lehrers

Leg dir ein kleines Notizbüchlein an, das einen Ehrenplatz in
deiner Schreibtischschublade bekommt, dein Büchlein des guten
Lehrers. Endlich mal eine sinnvolle Verwendung für die wunder-
hübschen Notzibüchlein, die es überall zu kaufen gibt. In diesem
Büchlein kannst du alles sammeln zu der Frage, was guten Unterricht ausmacht und was eine gute Lehrerin ist. Mach dir Notizen,
wenn du eine aufschlussreiche Unterrichtssituation hattest, wenn
dir beim Gespräch mit einem Kollegen ein Licht aufgegangen ist
oder du etwas Bedeutsames liest. Mit der Zeit entsteht dein
eigenes pädagogisches Manifest. Auch die Fragen zu deiner eigenen
Schulzeit (s. S. 74) passen hier hinein.

„Beim Lehren lernt man." (Seneca)

5 Dinge, die den nächsten Tag schön machen

Notiere 5 Dinge, auf die du dich am nächsten Tag freust. Der neue Tee zum Frühstück, der vorausgesagte Sonnenschein in der großen Pause, die Unterrichtseinheit über dein Lieblingsgedicht. Vorfreude ist wunderbar und sollte ausgekostet werden.

Jeden Tag ein Schüler

Nimm dir jeden Tag kurz Zeit, über einen Schüler nachzudenken. Schreibe dazu, wie für eine Mindmap, den Namen des Schülers in die Mitte eines weißen Blatts und notiere drum herum alles, was dir zu ihm einfällt. Bewahre die Zettel gut auf. Die kannst du spätestens bei den Leistungsbeurteilungen fürs Zeugnis gut gebrauchen.

* Wie ist er? Was sind seine Eigenschaften?

* Welche Situationen fallen dir spontan ein?

* Was sind seine Talente?

* Wie hat er sich im Schuljahr bisher entwickelt?

* Wo bräuchte er Unterstützung?

* Wie kann ich ihn fördern?

* Welche weitere Hilfe könnte ich empfehlen?

Feierabend.

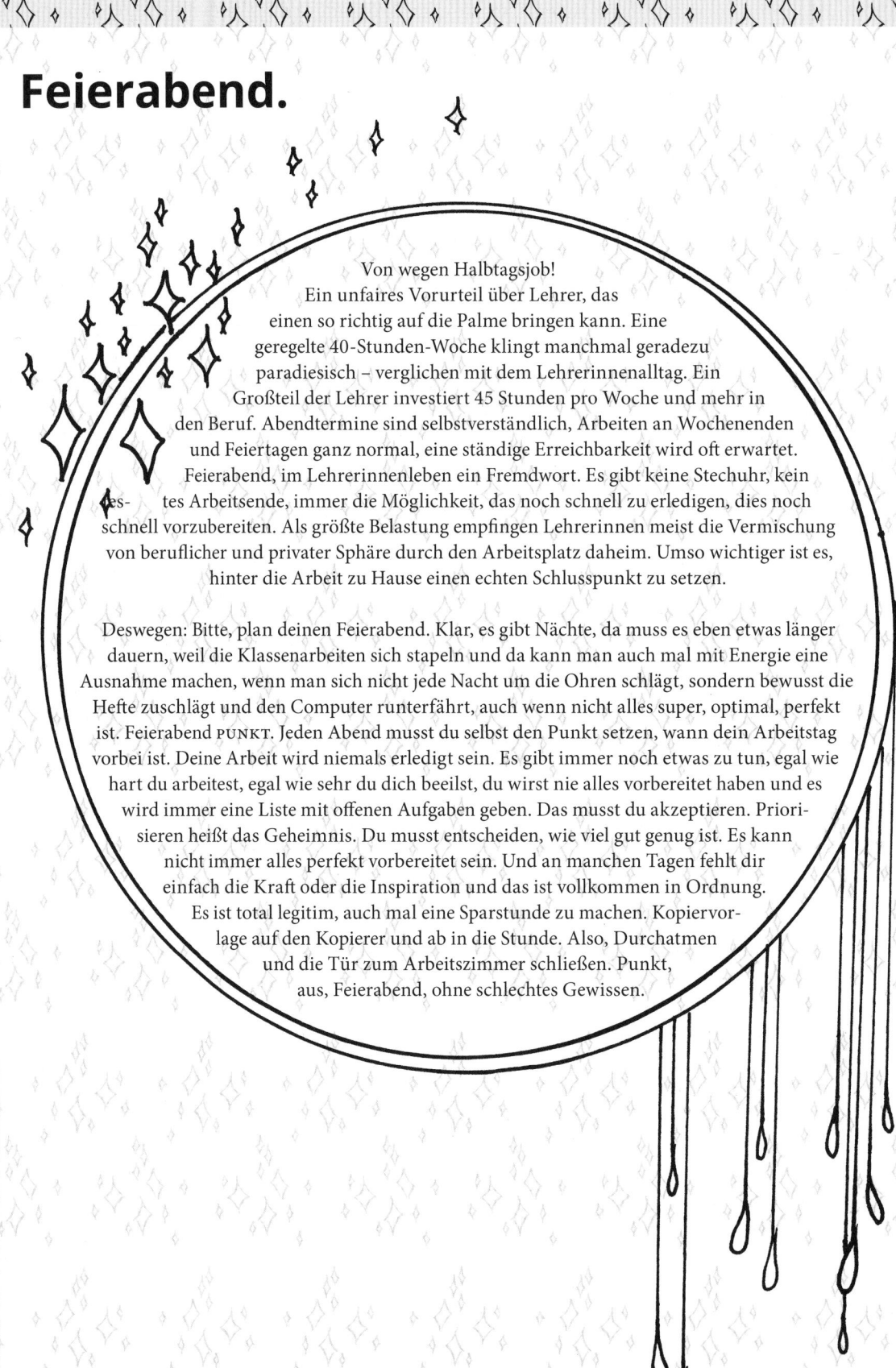

Von wegen Halbtagsjob!
Ein unfaires Vorurteil über Lehrer, das
einen so richtig auf die Palme bringen kann. Eine
geregelte 40-Stunden-Woche klingt manchmal geradezu
paradiesisch – verglichen mit dem Lehrerinnenalltag. Ein
Großteil der Lehrer investiert 45 Stunden pro Woche und mehr in
den Beruf. Abendtermine sind selbstverständlich, Arbeiten an Wochenenden
und Feiertagen ganz normal, eine ständige Erreichbarkeit wird oft erwartet.
Feierabend, im Lehrerinnenleben ein Fremdwort. Es gibt keine Stechuhr, kein festes Arbeitsende, immer die Möglichkeit, das noch schnell zu erledigen, dies noch
schnell vorzubereiten. Als größte Belastung empfingen Lehrerinnen meist die Vermischung
von beruflicher und privater Sphäre durch den Arbeitsplatz daheim. Umso wichtiger ist es,
hinter die Arbeit zu Hause einen echten Schlusspunkt zu setzen.

Deswegen: Bitte, plan deinen Feierabend. Klar, es gibt Nächte, da muss es eben etwas länger
dauern, weil die Klassenarbeiten sich stapeln und da kann man auch mal mit Energie eine
Ausnahme machen, wenn man sich nicht jede Nacht um die Ohren schlägt, sondern bewusst die
Hefte zuschlägt und den Computer runterfährt, auch wenn nicht alles super, optimal, perfekt
ist. Feierabend PUNKT. Jeden Abend musst du selbst den Punkt setzen, wann dein Arbeitstag
vorbei ist. Deine Arbeit wird niemals erledigt sein. Es gibt immer noch etwas zu tun, egal wie
hart du arbeitest, egal wie sehr du dich beeilst, du wirst nie alles vorbereitet haben und es
wird immer eine Liste mit offenen Aufgaben geben. Das musst du akzeptieren. Priori-
sieren heißt das Geheimnis. Du musst entscheiden, wie viel gut genug ist. Es kann
nicht immer alles perfekt vorbereitet sein. Und an manchen Tagen fehlt dir
einfach die Kraft oder die Inspiration und das ist vollkommen in Ordnung.
Es ist total legitim, auch mal eine Sparstunde zu machen. Kopiervor-
lage auf den Kopierer und ab in die Stunde. Also, Durchatmen
und die Tür zum Arbeitszimmer schließen. Punkt,
aus, Feierabend, ohne schlechtes Gewissen.

Ordnung schaffen. Das gilt vor allem für meinen Schreibtisch. Es ist eine Wohltat, sich am Morgen oder am Nachmittag an einen aufgeräumten Schreibtisch zu setzen. Ich war lange Zeit eine Vertreterin des kreativen Chaos. Aber als ich es mal ausprobiert habe, für einige Wochen konsequent abends aufzuräumen und insgesamt mehr Ordnung zu halten, habe ich gemerkt, dass es mich nicht nur effektiver arbeiten lässt, sondern dass ich am Abend entspannter loslassen kann, weil alles an seinem Platz liegt, alle offenen To-dos fein säuberlich auf einer Liste festgehalten sind. Ich lege sogar alles für den Arbeitsschritt bereit, mit dem ich am nächsten Tag beginnen werde.

Zwischenspeicher. Ein Grund, warum es mit dem Abschalten oft nicht klappt, wenn man eigentlich bereits den Feierabend eingeläutet hat oder auch am Nachmittag andere Sachen vor hat, sind wiederkehrende Gedanken „Das darf ich nicht vergessen!", „Das muss ich noch erledigen." Immer wieder tauchen dieselben Gedanken auf, nervig und unentspannt. Früher hatte ich immer ein Notizheftchen in der Tasche, inzwischen nutze ich die Aufnahmefunktion meines Smartphones, um diese Gedanken festzuhalten. Ich spreche sie auf mein Smartphone, ich brauche mich nicht mehr sorgen, etwas zu vergessen, mein Kopf wird frei.

Müllhalde für negative Gedanken. Schultage sind voller Probleme, Ärgernisse und Schwierigkeiten. Da fällt es schwer abzuschalten. Hier ist ein ganz großartiger Trick, wie es gelingt, den gesamten Ärger des Tages loszuwerden. Man sucht sich auf dem Nachhauseweg einen Ort, an dem du deinen Gedanken- und Emotionsmüll abladen kannst. Ein Busch, eine Ecke, ein Blumenbeet. Lege all deinen Stress, deine Emotionen und deine Sorgen, die du hinter dir lassen willst hier ab und komme ganz befreit nach Hause. Deine Sorgen platzen auf deinem Müllplatz wie Seifenblasen und morgen ist wieder ganz viel freier Raum dort. Wenn es hilft, kannst du auch abends, nach der Unterrichtsvorbereitung, noch mal vor die Tür gehen und eine zweite Fuhre abladen.

Positiver Tagesrückblick. Häufig denken wir abends an alles, was nicht gelungen ist an diesem Tag, an alles, worüber wir uns geärgert haben. Einerseits natürlich wichtig, um Dinge besser machen zu können, Ärgernissen anders begegnen zu können usw., aber oft gerät das Positive darüber in Vergessenheit. Es gab ja schon den Vorschlag mit dem Einmachglas und den bunten Zettelchen (S. 30). Du kannst aber auch einfach in Gedanken dein Hoch des Tages suchen und dir das Geschaffte vor Augen führen. Ist übrigens auch ein schönes Ritual in der Partnerschaft oder mit der ganzen Familie, sich beim Abendessen sein persönliches kleines oder großes Hoch des Tages zu erzählen.

Mein kleines Feierabend-Ritual. Rituale helfen, den Alltag zu strukturieren und sich selbst Sicherheit zu geben. Ein kleines Abschluss-Ritual hilft, die Arbeit endgültig abzuschließen für heute. Was du machst, ist eigentlich egal. Einmal Lüften und am offenen Fenster ein- und ausatmen, ein kleines Selbstgespräch „Das war's für heute. Danke für deinen Einsatz." Oder die Topfpflanze auf der Fensterbank gießen. Suche dir etwas, das zu dir passt, und bleibe für einige Zeit dabei. Jetzt aber: einen entspannten Feierabend!

Tanzen, basteln, joggen
Gemeinsame Aktionen fürs Kollegium anregen

Gemeinsame Aktionen fördern den Zusammenhalt im Kollegen-Team, sorgen für positiven Gesprächsstoff und machen einfach Spaß. Nutzt die verschiedenen Begabungen im Kollegium, davon gibt es mit Sicherheit eine Vielzahl. Sei gespannt, welche verborgenen Hobbys und Talente in deinen Kollegen schlummern.

Es müssen nicht immer alle mitmachen, schließlich soll es freiwillig sein.

Überlegt, ob ihr die Aktionen auch für Schüler öffnet.
Das ist eine sehr schöne Art, um einen unverkrampften Austausch zu fördern und Barrieren abzubauen.

Manche Aktionen eigenen sich vielleicht auch gut, um Partner einzuladen, mitzumachen.
So lernt man sich mal kennen.

» Weihnachtssterne aus Transparentpapier basteln für die Scheiben im Lehrerzimmer.
Das geht von einfach bis sehr aufwendig und kunstvoll.

» Gemeinsam tanzen, Standard, Salsa, Squaredance, HipHop, je nachdem, was jemand kann und den Kollegen beibringen möchte.

» Eine Laufgruppe gründen, vielleicht auch mit Schülern. Gemeinsam nach der sechsten Stunde Laufen gehen motiviert und ist ein Gruppenereignis. Vielleicht gibt es ja bei euch in der Stadt einen Firmenlauf, an dem ihr teilnehmen könnt, wenn ihr etwas geübter seid. Oder ihr veranstaltet selbst einen Spendenlauf.

Schöne Überraschungen
Die originellsten Unterrichtsbeiträge sammeln

Viel zu oft erzählen wir uns nur, was schiefgelaufen ist, welche Klasse wieder besonders schwierig war und welcher Schüler uns zur Weißglut treibt. Da ist Umdenken gefragt. Nehmt euch gemeinsam vor, euch vor allen Dingen von den positiven Überraschungen zu erzählen: Ein Lernerfolg, ein besonders pfiffiger Kommentar, ungewöhnliche Lösung … Sammelt Bilder, Aussprüche, und Kurzschilderung aus eurem Unterricht - und entdeckt: Eure Schüler sind außergewöhnlich! Ihr könnt im Lehrerzimmer eine Pinnwand aufhängen, die regelmäßig wieder abgehängt wird, damit es genug Platz für Neues gibt. Jeder präsentiert am Ende der Woche seine gelungenste Aufgabe, die witzigste Schülerantwort usw. Eigenlob und gegenseitige Anerkennung sind absolut erlaubt und sogar erwünscht.

Freude verschenken

Mal einen Strauß Blumen mitbringen für das Lehrerzimmer, einfach so, ohne Anlass, an Ostern für jeden eine Narzisse oder zu Nikolaus eine Mandarine mit einem Stern drauf gemalt. Freude verschenken - mit kleinen, unaufwendigen Gesten - macht glücklich.

Herziger Überraschungskuchen
für die Lehrerkonferenz – Zum Angeben

Zauberei oder ganz hohe Backkunst? Wie kommt das Herz in den Kuchen? Dieser Kuchen macht Eindruck, lässt staunen und schmeckt dazu noch hinreißend fluffig.

Grundrezept

2x 200 g Margarine
2x 200 g Zucker
2x 1 Päckchen Vanillezucker
2x 4 Eier
2x 300 g Mehl
2x 2 TL Backpulver
2x 100 ml Milch

2x 1 Prise Salz
1x 3 EL Kakao oder Lebensmittelfarbe
Plätzchenausstecher, z. B. Herz,
ca. 6 cm breit
Nach Belieben 200 g Schokolade
oder Kuvertüre zum Glasieren

1. Backofen auf 180 °C (Umluft 160 °C) vorheizen. Kastenform fetten und mit Mehl bestäuben.
2. 200 g Margarine, 200 g Zucker, 1 Pck. Vanillezucker cremig aufschlagen. 4 Eier nacheinander unterrühren.
3. 300 g Mehl, 2 TL Backpulver und 1 Prise Salz vermischen und in zwei Portionen im Wechsel mit 100 ml Milch unter den Teil rühren.
4. Kakao zugeben oder den Teig mit Lebensmittelfarbe z. B. knallrot einfärben.
5. Teig in die vorbereitete Kastenform füllen und den Rührkuchen im vorgeheizten Ofen ca. 55 Minuten backen (das sind hier extra 5 Minuten länger, damit der Teig stabiler wird). Bei der Stäbchenprobe sollte am Holzstäbchen kein flüssiger Teig haften. Kuchen ca. 15 Minuten abkühlen lassen und dann aus der Form lösen.
6. Rührkuchen auskühlen lassen. In dicke Scheiben schneiden, und daraus mit dem Plätzchenausstecher Herzen ausstechen.
7. Den zweiten Rührteig, wie in den Schritten 1–3 beschrieben, zubereiten.
8. Eine kleine Menge des hellen Teigs auf den Boden der vorbereiteten Kastenform geben. Herzen dicht aneinandergereiht in den Teig stellen und die Kastenform mit dem restlichen Teil auffüllen. Die Herzen müssen auf allen Seiten mit Teig umgeben sein. Im vorgeheizten Ofen ca. 50 Minuten backen. Stäbchenprobe machen. Kuchen wiederum 15 Minuten abkühlen lassen und aus der Form lösen.
9. Wenn du magst, gibt deinem herzigen Überraschungskuchen noch eine schokoladige Glasur. Dafür 200 g Schokolade oder Kuvertüre im Wasserbad schmelzen und über den abgekühlten Rührkuchen verteilen.

Tipps

O Die Ausstecherform sollte recht einfach sein und keine zu kleinen Ecken haben. Kreise, Rauten, Sterne, Hasen, Tannenbäumen.   O Keine Angst, der innere Kuchen wird durch das erneute Backen nicht zu trocken, da der Kuchen ja von außen nach innen backt.   O Wer geschmacklich noch etwas mehr Pepp sucht, nimmt ein Rezept für einen Marmorkuchen mit Eierlikör.   O Die Reste des gefärbten Rührkuchens oder Schokokuchens lassen sich prima zu Cake Pops verarbeiten.

Drei Mal hoch!

Geburtstagsrituale im Kollegium oder in der Klasse

Geburtstag ist etwas Wunderbares, ein Ehrentag, Glückwünsche, Geschenke, Blumen, Umarmungen. Überlegt auf der nächsten Lehrerkonferenz ein Geburtstagsritual für alle Kollegen für dieses Schuljahr. Ein Ständchen im Kanon, ein gemeinsamer Kreistanz, das Geburtstagskind bringt Kuchen mit oder eine Kasse, in die jeder am Schuljahresanfang einzahlt und aus der für jedes Geburtstagskind ein Strauß Blumen oder ein Buch geschenkt wird. Ihr könntet auch, wie beim Wichteln, Lose mit allen Namen vorbereiten und jeder zieht einen Kollegen, den er beschenkt oder für den er einen Umtrunk ausrichtet. Sammelt alle Vorschläge auf einem Flipchart, jeder klebt 2 Klebepunkte für seine Lieblingsideen. Vielleicht hat jemand Lust, einen Geburtstagskalender zu basteln? Dieser Kalender veraltet nie, ist beliebig erweiterbar und nebenbei sieht er auch noch gut aus.

Material

* Kleine Holz- oder Kunststoffscheiben, z. B. Einkaufswagenchips, die sind nicht teuer und haben die passende Größe
* Platte für die Überschrift und die Monate
* Kette aus Metall, gibt es im Baumarkt als Meterware
* Werkzeug: Bohrmaschine, Bleistift, Lineal, wasserfester Stift und eine Zange

Tipp: Mithilfe eines alten Staubsaugerrohrs lassen sich mehrere Chips auf einmal bohren.

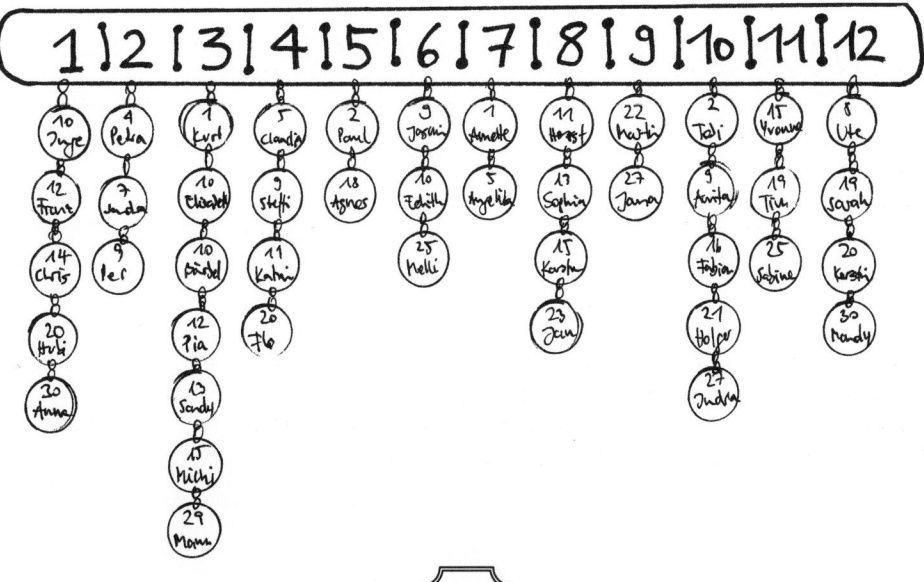

Auch in der Klasse könnt ihr euch gemeinsam ein Geburtstagsritual ausdenken. Gerade ältere Schüler haben vielleicht ganz lustige alternative Ideen. Jeder schreibt einem Mitschüler ein Lobhudelei-Gedicht, bastelt einen Geburtstagshut, den das Geburtstagskind den ganzen Tag tragen darf/muss, oder das Geburtstagskind wünscht sich ein Gedicht und bestimmt jemanden, der es für ihn auswendig lernt und vorträgt. Rituale sind schön. Überlegt euch gemeinsam mit den Schülern ein Ritual für den letzten Tag vor den Ferien und den ersten Tag nach den Ferien.

Wichteln in der Adventszeit

Jeder Kollege bringt ein Foto seiner Einschulung mit und eine Süßigkeit, die er in der Schultüte hatte, beides zusammen verpackt. Die Päckchen werden nummeriert, die Zahlen gezogen, dann geht jeder auf die Suche nach seinem Wichtel.

Variante: Jeder bringt ein Foto aus seinem Zuhause mit. Der Blick aus dem Fenster, das Buchregal, die Schnapssammlung - jeder entscheidet selbst, wie viel er preisgibt und wie einfach oder schwierig er es den anderen macht.

Vom Ego zum ehrlichen Selbst

oder Du bist nicht dein Job

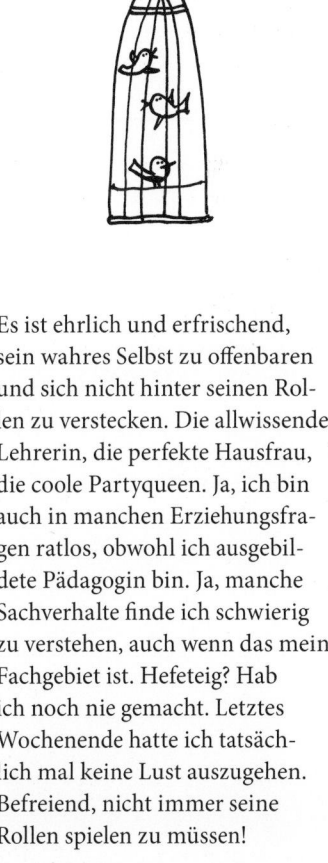

Dein Ego ist das Selbstbild, das du entwickelt hast, indem du dich mit deinen Rollen im Leben (Tochter, Schwester, Partnerin, Freundin, Mutter), deiner Arbeit und dem, wie andere dich beschreiben, identifiziert hast. Anstatt zu sagen „Ich arbeite als Lehrerin", sagst du „Ich bin Lehrerin", statt „Ich fühle mich manchmal nicht sehr selbstbewusst" denkst du „Ich habe ein geringes Selbstbewusstsein". Erkennst du den Unterschied? Schnell entsteht ein falsches Selbstbild, gerade durch das, was andere über uns sagen. Ich bin im Gegensatz zu meiner Schwester immer die Vernünftige, ich bin ein Emo, eine Mimose oder immer gut gelaunt.

Durch diese Überidentifizierung mit deinen Rollen fühlst du dich sofort angegriffen, wenn jemand deine Berufsgruppe oder eine andere Rolle kritisiert. Lehrer haben doch ständig nur Ferien. Frauen haben keinen Orientierungssinn und Blondinen sind nicht sonderlich helle. Du baust nach und nach eine Schale um dein wahres Selbst herum und fühlst dich persönlich kritisiert durch allgemein dahin gesagte Dummheiten.

Nun gut, aber was kommt stattdessen? Ziel wäre es, dieses jahrelang eingeübte Selbstbild mit den Zuschreibungen hinter dir zu lassen und dich innerlich von deinen Rollen zu verabschieden. Leichter gesagt als getan.

Am besten ist, du fängst klein an, knackst dein starres Selbstbild an der ein oder anderen Ecke auf und öffnest es für neue Möglichkeiten. Praktisch heißt das, hinaus in die Welt zu gehen und dich aktiv neuen Umgebungen, Eindrücken und Situationen auszusetzen und dabei offen zu sein für neue Erfahrungen. Dein Selbstbild hat Probleme, auf andere Leute zuzugehen? Dann stell dir erst vor deinem inneren Auge Situationen vor, wie du diese Scheu überwindest und ganz natürlich Kontakt mit neuen Leuten aufnimmst, als wäre es für dich das Leichteste der Welt. Was du dir vor deinem geistigen Auge ausmalst, kannst du auch im realen Leben tun.

Dein Ego wird sich gehörig dagegen sträuben. Die Zuschreibungen sind so tief verankert, dein Ego will sich nicht verändern. Übe die Veränderungen in kleinen Schritten. Führe etwas längere Gespräche mit deinen Kollegen oder der Nachbarin beim Bäcker, um bei dem Beispiel zu bleiben. Lade jemand zum Kaffee ein, deine neue Kollegin, eine Bekannte vom Sport. Oder sprich mal mit jemandem, der dir zufällig auf der Straße begegnet, die alte Dame mit dem kleinen Hund, die junge Mutter mit dem Zwillingswagen. Da findet sich schon ein Gesprächsauftakt. Du wirst sehen, es ist einfacher als du denkst.

Es ist ehrlich und erfrischend, sein wahres Selbst zu offenbaren und sich nicht hinter seinen Rollen zu verstecken. Die allwissende Lehrerin, die perfekte Hausfrau, die coole Partyqueen. Ja, ich bin auch in manchen Erziehungsfragen ratlos, obwohl ich ausgebildete Pädagogin bin. Ja, manche Sachverhalte finde ich schwierig zu verstehen, auch wenn das mein Fachgebiet ist. Hefeteig? Hab ich noch nie gemacht. Letztes Wochenende hatte ich tatsächlich mal keine Lust auszugehen. Befreiend, nicht immer seine Rollen spielen zu müssen!

Warum bist du Lehrerin geworden?
Erinnern und daraus neue Inspiration schöpfen

Im täglichen Schulalltagstrott, in der Routine, hängst du oft mit den immer gleichen Sorgen fest. Da kann es gut tun, mal zurückzublicken und sich zu erinnern, wie man selbst als Schülerin die eigene Schulzeit erlebt hat, einzutauchen in die Erinnerung an damals. Geschichten und Gesichter ploppen vor dem inneren Auge auf.

Tipp: Auf die Frage, ob es einen besonders guten Lehrer gab, der einen inspiriert hat, weiß eigentlich jeder eine Geschichte zu erzählen. Probiere es mal aus und frag beim nächsten Abendessen mit Freunden danach. Ihr könnt auch gemeinsam alle Fragen beantworten.

Die Fragen helfen dir, dich zu erinnern und dich in deine Schulzeit zurückzuversetzen. Das wird bestimmt das ein oder andere Lächeln in dein Gesicht zaubern. Und vielleicht wird es dir auch Antworten geben auf die Frage, wie du als Lehrerin mit den Schülern umgehen möchtest. Aus dem Perspektivwechsel heraus, sozusagen. Vielleicht war die große Pause das Prägenste an deiner Schulzeit und die Kekse am Schulkiosk deine liebste Erinnerung. Auch eine Erkenntnis, um deine Schüler und ihre Prioritäten besser zu verstehen.

Jetzt aber erst einmal viel Vergnügen bei deiner Zeitreise!

» Bist du gerne zur Schule gegangen?
» Worauf hast du dich gefreut, wenn du in die Schule gegangen bist?
» Erinnerst du dich an besondere Gerüche, Geschmäcke, Geräusche?
» Welche drei positiven Erlebnisse kommen dir als erstes in den Sinn, wenn du an deine Schulzeit denkst?
» Was war dein Lieblingsfach?
» Warum bist du Lehrerin geworden?
» Wer waren deine Lieblingslehrer? Warum?
» Was hat dich an ihrer Art zu lehren beeindruckt?
» Beschreibe eine Unterrichtsstunde, eine Situation, ein Gespräch, die/das dir besonders in Erinnerung ist.
» Was kannst du daraus für deine eigene Unterrichtspraxis/für dich als Lehrerin ableiten?

» Was waren die schlimmsten Lehrer, die du hattest? Warum?
» Woran denkst du, wenn du an Hausaufgaben denkst?
» Weißt du noch, was du für die Pause dabei hattest?
» Wie hättest du in der Grundschule beschrieben, was jemanden zu einer guten Lehrerin macht? Und in der weiterführenden Schule?
» Wann wusstest du, dass du Lehrerin werden willst? Was waren die Gründe dafür?
» Hast du je mit deiner Entscheidung gehadert? Warum?
» Erinnerst du dich an eine Unterrichtssituation, in der du ein Lern-Aha-Erlebnis hattest?

Arbeitszimmer renovieren

Die großen Ferien sind der ideale Zeitpunkt, dein Arbeitszimmer oder deine Arbeitsecke schön zu machen. Praktisch sollte es sein, gute Ordnung, schöne Atmosphäre. Dezente Farben, leere Flächen, fröhliche, inspirierende Gestaltung. Wichtig ist auch eine klare Trennung von der restlichen Wohnung, dass nicht alles ständig in Sicht ist und automatisch die Gedanken beschäftigt. Wenn die Tür zu und die Schreibtischlampe ausgeknipst ist, darf die Arbeit auch mal aus deinem Kopf verschwinden.

8 originelle DIY-Orga-Ideen
für deinen Schreibtisch

Gute Organisation ist die halbe Arbeit, sinnvolle Aufteilung steigert deine Effektivität. Diese acht raffinierten, dekorativen DIY-Ideen kosten fast nichts und sind schnell gemacht. Schluss mit Chaos, her mit den hübschen Ordnungssystemen!

Mini-Glas-Regal

Nimm sechs leere Schraubgläser (Marmelade, Gurken …), sie sollten einigermaßen gerade sein. Stapel die Gläser liegend und klebe sie mit einer Heißklebepistole aneinander. So entsteht schöner Stauraum für Stifte, Büroklammern, Post-it-Blöckchen und anderen Kleinkram. Nach demselben Prinzip lässt sich auch ein Regal aus leeren Pringles®-Chips-Rollen bauen. Die einzelnen Rollen einfarbig anmalen, z. B. in Rot-Pink-Orange-Tönen, oder mit gemustertem Papier bekleben.

Kabelhalter

Klemme Briefklemmen/Foldback-Klammern an deine Tischplatte, um da USB- und andere Kabel einzuhängen, die du gerade nicht brauchst. Den Stecker durch die Metallösen fädeln, die Kabel baumeln am Tisch hinunter. Super einfach, super praktisch. Nie mehr hinter den Tisch kriechen auf der Suche nach dem Kabelende.

Stiftehalter aus Konservendosen

Eine schöne einfache Upcycling-Idee für alte Konservendosen: Etikett von der Dose lösen und Dose gut waschen. Dann die Dose mit Acrylfarbe bemalen und mit Masking-Tape oder Geschenkband bekleben, vielleicht mit Silberdraht umwickeln und kleine Perlen daran befestigen. Alternativ kann die Dose auch mit Stoff beklebt werden. Dabei den Stoff nach oben länger zuschneiden als die Dose hoch ist und nach innen umschlagen.

Marmeladenglas-Regal

Du brauchst ein Regalbrett und fünf bis sieben Marmeladengläser. Die Marmeladengläser von Bonne Maman® sind schön groß und haben die schönen rot-karierten Deckel. Jetzt musst du die Deckel an der Unterseite des Regalbretts anbringen, du kann schrauben, nageln oder mit der Heißklebepistole kleben. Lass 2 bis 3 cm zwischen den Deckeln Platz. Häng das Regalbrett auf und schraub von unten die Gläser daran. Hier kannst du Büroklammern, Tackernadeln zum Nachfüllen, Post-it-Blöckchen, Radiergummis, Stempel und anderen Kleinkram, der sich auf einem Schreibtisch so ansammelt, unterbringen. Praktisch, übersichtlich, dekorativ.

Schuhkarton-Regal

Wenn du Lust hast, kannst du die Schuhkartons innen und außen einfarbig anmalen oder auch von innen mit gemustertem Geschenkpapier
bekleben. Befestige dann die Schuhkartons aneinander, entweder mit
der Heißklebepistole oder einfach mit Foldback-Klammern, dann kannst
du jederzeit umräumen. Schon hast du hübschen neuen Stauraum für Bü-
cher und Hefte.

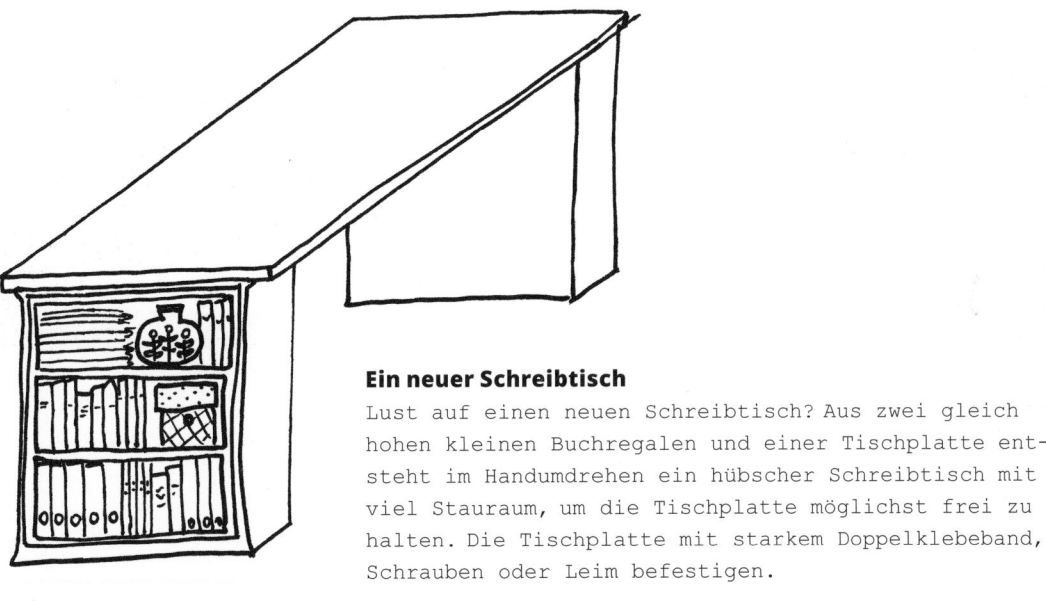

Ein neuer Schreibtisch

Lust auf einen neuen Schreibtisch? Aus zwei gleich
hohen kleinen Buchregalen und einer Tischplatte entsteht im Handumdrehen ein hübscher Schreibtisch mit
viel Stauraum, um die Tischplatte möglichst frei zu
halten. Die Tischplatte mit starkem Doppelklebeband,
Schrauben oder Leim befestigen.

Ordnung in der Schublade

Kleine Pappschachteln von innen mit buntem Papier bekleben und
schon entsteht eine fröhliche Ordnung in deiner Schublade. Oder du
nimmst ein ausrangiertes Muffinblech für Kleinkram, der sonst in der
Schublade hin und her rutscht.

Ordnungstaschen für Näh-Fans

Aus festem Baumwollstoff entsteht im Handumdrehen ein schönes hän-
gendes Ordnungssystem für Klassenarbeiten, Arbeitsblätter oder Post.
Mit der richtigen Beschriftung weißt du sofort, was zu tun ist. Das
Taschen-Ordnungssystem lässt sich auch gut an einer Tür oder an
Schreibtischseite aufhängen.

Praktisch und schön

Ordnerrücken basteln

Ist das Regal in deinem Arbeitszimmer auch voller Orderrücken? Gerade wenn es einen fließenden Übergang zum Wohnbereich gibt, nerven die Ordner im Regal. Bei mir herrschte jahrelang bunt gemischtes Chaos. Alte angeschlagene Ordner, abgerissene und notdürftig überklebte Etiketten, kryptische Beschriftungen, Dekor von Apfelgrün bis Zebra-Kitsch. Dann habe ich mir einen Schwung neue Ordner gekauft, gelb für alles Private, schwarz für alles, was mit Schule zu tun hat. Und habe mir passende Ordnerrücken gebastelt. Ein fantastisches Projekt für die Sommerferien. Seitdem ist mein Regal ein Fest fürs Auge, auch im Wohnzimmerregal.

So geht's: Erst einmal eine sinnvolle Aufteilung der Ordner überlegen bzw. die bestehende Aufteilung kritisch prüfen. Werden auch die Unterlagen der nächsten zwei Jahre noch in den Ordnern Platz finden? Dann Ordnergruppen bilden: Privat, Kopiervorlagen, Themen, Fächer … Such dir dann ein oder mehrere Bilder, die in etwa das Format haben, wie die Anzahl der Ordnerrücken nebeneinander. Du kannst aus Büchern farbkopieren, eigene Fotos oder Bilder aus dem Internet

ausdrucken. Damit ein perfektes Bild entsteht, solltest du die Abstände zwischen den Rückenetiketten aus dem Bild herausschneiden. Wenn das Bild helle Farben hat oder du Bilder aus Zeitschriften verwendest, solltest du die Ordnerrücken entweder mit weißer Acrylfarbe grundieren oder weißes Papier darunterkleben. Am besten verwendest du einen Klebestift, weil damit keine Klebespuren durch das Papier scheinen.

Dann Etiketten – evtl. aus farbigem Papier – ausschneiden, in Schönschrift beschriften oder ausdrucken, aufkleben, fertig.

Wenn du noch kreative Energie übrig hast, kannst du auch passende Registerblätter gestalten, indem du z. B. Motive aus dem Bild ausschneidest und auf die Register klebst und sie passend zu den Etiketten außen beschriftest.

Wenn ich mal wieder Zeit habe …
Wünsch dir was!

Weniger ist mehr! Hast du auch oft das Gefühl, ständig zu wenig Zeit zu haben? Dann nimm dir ganz bewusst für die nächsten zwei Wochen vor, weniger Termine zu vereinbaren und dir insgesamt weniger Aufgaben auf die To-do-Liste zu setzen. Aber dann nutze diese Zeit auch wirklich und verbummle sie nicht vor dem Fernseher oder beim Surfen im Internet. Genieße die Leere, das Nichtstun, atme. Und tu etwas, das dir Spaß macht. Sticken, lesen, Gedichte schreiben … eine Sache. Mach dir nicht gleich eine Liste, mit allen Dingen, die du schon ewig vorhast und mach dir damit gleich wieder ein schlechtestes Gewissen.

Falle: **Die ewige Das-wollte-ich-schon-immer-mal-machen-Liste**. Rezepte, die ich ausgedruckt und abgeheftet, aber noch nie gekocht habe, Bastelideen, die ich aus Zeitschriften ausgeschnitten habe, aber noch nicht umgesetzt habe, Regalbretter voll ungelesener Romane, ein angefangener Pulli, Festplatten voller Fotos … An sich alles Dinge, die Spaß machen, mich erfüllen, aber dadurch, dass sie schon so ewig mahnen, seufze ich schon, wenn sie mir mal wieder in die Hände oder die Gedanken fallen.

Was tun? Tabula rasa: Alle Rezepte wegschmeißen, die sich nicht bewährt haben oder die du noch nicht ausprobiert hast, du wirst ständig neue finden. Finde dich damit ab, dass deine Fotos unsortiert in den Ordnern liegen bleiben, du hast sie ja trotzdem und siehst ja nicht ständig an. Wenn du ein Fotobuch machen willst, dann von deinem nächsten Urlaub. Der Pulli, der seit Monaten nicht weitergestrickt wird? Ribbel ihn auf, schließ damit ab, scheinbar hat dich der Drive verlassen, nicht schlimm. Das ist eine Riesen-

Befreiung. Jetzt hast du nichts mehr, was dich drückt, jetzt hast du frei. **Jetzt kannst du deine gesammelte Energie in etwas stecken, auf das du jetzt gerade so richtig Bock hast** und das zu Ende bringen. Wenn du einen Impuls hast, eine Idee, dann geh ihm nach, möglichst gleich, möglichst zügig, dann macht es Spaß ein neues Projekt auch gleich mit Feuereifer umzusetzen und du entwickelst nicht die nächste Pulli-Mumie.

Haben wir wirklich immer zu wenig Zeit? Oder müssen wir sie nur anders nutzen, anders wahrnehmen … Nutze ungeliebte Wartepausen sinnvoll, in der Schlange an der Supermarktkasse, im Stau oder die Werbepause im Fernsehen. Was ändert es, wenn du dich aufregst? Nicht ärgern, sondern das Warten als kleine Ruhepause genießen. Statt zum Smartphone zu greifen, träume dich an einen schönen Ort, trainiere deinen Beckenboden oder genieße deine Atmung. Wenn wir öfter mal etwas Besonderes in unserem Alltag unternehmen, erscheint uns die Zeit länger, weil wir sie intensiver erleben. Mach mal Urlaub direkt vor deiner Haustür. Einen Nachmittag im Botanischen Garten, einen Wellness-Abend mit deiner Freundin in der nächsten Therme, ein Menü in einem schnuckeligen Restaurant mit deinem Liebsten …

Gib die Lehrerin mal an der Garderobe ab

Besonders wenn du in derselben Stadt wohnst, in der du auch unterrichtest, triffst du ständig und überall Eltern und Schüler. Zwei Flaschen Sekt im Einkaufswagen und prompt die Frage: Na, haben Sie was zu feiern? Oder auch nur ein fragender oder irritierter Blick. Kondome kaufe ich schon nur noch auf Vorrat in der benachbarten Stadt. Der Eindruck, ständig unter Beobachtung zu sein, kann nerven. Dieses Gefühl, sich rechtfertigen zu müssen, immer alles unter Kontrolle haben zu müssen.

Du hast das Recht auf ein Privatleben, darauf ungeschminkt im Jogginganzug zum Bäcker zu gehen. Wenn du dein Selbstbild weg von der Rund-um-die-Uhr-Lehrerin hin zur Privatperson verschiebst, kann sich das herrlich befreiend anfühlen. Und wenn du tatsächlich jemanden triffst? Ein kurzes Nicken und dann ein in dir ruhendes, tiefenentspanntes Lächeln, das signalisiert: Ich bin ich, so wie ich gerade bin.

Bewusst privat zu sein und dem Teil von dir, der Lehrerin ist, mal eine Pause zu gönnen, kann dir auch auf Partys und bei Treffen mit Freunden helfen. Hast du die Befürchtung, andere sind manchmal genervt von deinem Lehrergehabe? Wenn du zu lange Monologe hältst, dich dabei ertappst, bestimmend und rechthaberisch zu sein, verlass kurz den Raum, gib die Lehrerin an der Garderobe ab, komm noch einmal rein und sei wieder du selbst.

Vormittags recht, nachmittags frei
Lehrerklischees im Faktencheck

Lehrer haben doch alle einen Halbtagsjob mit voller Bezahlung und ständig nur Ferien. Diese ewigen Vorurteile nerven und können einen ganz schön auf die Palme bringen. Hier die gängigsten Klischees im Faktencheck, damit du das nächste Mal gut kontern kannst.

Lehrerinnen arbeiten nur halbtags

Fakt ist, die Zeit des reinen Unterrichts macht nur die Hälfte der Arbeit einer Lehrerin aus. Die andere Hälfte besteht aus Vorbereitung, Korrekturen, Austausch mit Kollegen, Eltern, Schülern, Konferenzen, Exkursionen usw. Allein der Korrekturaufwand einer Lehrerin auf einer weiterführenden Schule macht bis zu 1.000 Stunden pro Jahr aus, hat der Deutscher Lehrerverband erhoben. Nicht bei allen Lehrern fällt der Unterricht ausschließlich auf den Vormittag, sehr viele Lehrer haben auch an auch an bis zu drei Nachmittagen Unterricht. Während der Durchschnittsarbeitnehmer in Deutschland pro Jahr 1.645 Stunden arbeitet, kommen Lehrer auf eine jährliche Arbeitszeit von 1.800 Stunden (Handelsblatt). Das entspricht pro Schulwoche im Schnitt 45 bis 55 Arbeitsstunden. Dagegen wirken 35-Stunden-Wochen, die es in manchen Bereichen noch gibt, paradiesisch. Oft ist es aber gar nicht die Anzahl der Arbeitsstunden, die den Neid weckt und für Nicht-Lehrerinnen undurchschaubar ist, es ist eher die Verteilung. Mittags beim Joggen im Wald, nachmittags beim Friseur und dafür Sonntagnacht am Schreibtisch? Die Möglichkeit, sich die Zeit einteilen zu können, ist von unschätzbarem Vorteil. Keine Lust, die Sonne scheint, ab an den See. Andererseits ist die zergliederte Tagesstruktur, im Vergleich zu einem geregelten 9-to-5-Job mit echtem Feierabend, anstrengend. Wahrscheinlich sind für die zahlreichen Burn-out-Fälle nicht das Wieviel, sondern eher das Wie und Wann verantwortlich. Die meisten Lehrerinnen haben keinen Tag in der Woche wirklich frei, das geht natürlich an die Nerven. Dazu kommt das ständige schlechte Gewissen, noch mehr machen zu müssen.

Wenn es für Lehrer eine Stechuhr gäbe, und sie nach getanen Arbeitsstunden ihren Stift fallen lassen würden, dann würde die Korrektur von Klassenarbeiten sich wohl oft über Wochen strecken, gäbe es kein außerunterrichtliches Engagement mehr und das Schulleben wäre um Theatergruppen, Musik-AGs, Exkursionen und Austauschprogramm ärmer und letztendlich müssten wohl neue Stellen geschaffen werden, um die anfallende Arbeit zu erledigen.

Lehrerinnen haben drei Monate Ferien

Tatsächliche Ferien sind für Lehrerinnen meist nur die Sommerferien. Andere unterrichtsfreie Zeiten werden zu großen Teilen mit Korrekturarbeiten belegt. Die Osterferien sind z. B. meist arbeitsintensive Ferien. Auch die erste und die letzten beiden Sommerferienwochen werden oft für Abschluss- und Vorbereitungsarbeiten beansprucht. Außerdem haben viele Lehrerinnen während der Ferien Präsenzzeiten in der Schule. Aber auch hier gilt wieder: Die Möglichkeit, sich die Zeit selbst einzuteilen, ist ein riesengroßer Vorteil, weil ich in den kurzen Ferien verreisen kann, wenn ich entsprechend vorarbeite, aber auch eine Falle, wenn ich nicht richtig abschalte.

Lehrerinnen verdienen sehr gut und haben einen sicheren Job

Lehrerin ist ein sicherer Job und acht von zehn Erstsemstern ist dieser Aspekt an ihrem zukünftigen Beruf wichtig oder sehr wichtig (HIS-Umfrage 2010). Aber es gibt durchaus Lehrer, die sich von einem befristeten Vertrag zum nächsten hangeln und unfreiwillig nur Teilzeit arbeiten können, teils sogar an unterschiedlichen Schulen.

Als bundesweites Durchschnittsgehalt gibt die Kultusministerkonferenz an, dass Realschullehrer am Berufsanfang 45.000 Euro brutto, nach 15 Jahren Dienst knapp 55.000 Euro und am Ende ihrer Laufbahn fast 60.000 Euro verdienen. Die tatsächlichen Gehälter klaffen weit auseinander, je nach Schultyp, je nach Bundesland, abhängig davon, ob man verbeamtet ist oder nicht. Der Anfang ist mit Sicherheit eher dürftig bezahlt. Als Referendarin muss man mit 900 bis 1.000 Euro auskommen, weniger als ein Lehrling im dritten Lehrjahr Bau bekommt. Ansonsten ist immer die Frage interessant, mit wem man sich vergleicht. Klar verdient ein Ingenieur oder Informatiker in der freien Wirtschaft mehr. Aber mal ehrlich, sollten wir uns als Deutsch-Geschichts-Lehrerin vielleicht nicht eher mit den Germanistinnen vergleichen, die es eher schwer haben, überhaupt einen einigermaßen gut bezahlten Job zu finden. Also, ruhig mal zufrieden sein!

Es gibt allerdings wenige Aufstiegschancen. Wer im Schulbetrieb bleibt und nicht in die Lehrerbildung oder ins Ministerium wechselt, kann Rektorin werden, wenig sonst. Für viele kein sehr attraktiver Job, da er für die hohe Verantwortung nicht entsprechend bezahlt wird. Außerdem gibt es keine Zuschläge für besonders engagierte Lehrerinnen, es wird nach Dienstalter entlohnt, nicht nach Leistung.

Lehrerinnen schieben eine ruhige Kugel

Der Lehrerberuf gehört zu den nervlich aufreibendsten Berufen, die Frühpensionierungsraten sprechen Bände. Die extreme Belastung ist in zahlreichen wissenschaftlichen Studien nachgewiesen worden, s. Homepage des Deutschen Lehrerverbands.

Lehrerinnen sind frustriert und machen nur das Nötigste

Oben genannte Studie enthält noch eine wunderbare Nachricht: Die große Mehrheit der Lehrer unterrichtet gern und glaubt an die eigenen Fähigkeiten. Vier von fünf Befragten geben sogar an, ihre Arbeit mit „hohem Enthusiasmus" auszuführen. Bravo!

Wer nichts kann wird Lehrer, Lehrer sind lebensfremd

Lehrer ist ein anspruchsvoller Beruf. Ähnlich wie Arzt, Psychotherapeut oder Rechtsanwalt ist es ein Beziehungsberuf. Neben fundiertem Fachwissen sind also noch ganz andere Kompetenzen gefragt, um eine gute Lehrerin zu sein. Das Kultusministerium nennt Lehrer Experten für Unterricht und Erziehung. Tatsächlich ist die Erziehung ein wichtiger Bereich, Lehrer werden zu Bezugspersonen und Vorbildern. Ohne Emotionen keine Erziehung, deswegen fordert der Lehrerberuf Hingabe und Identifikation. Es gibt nicht nur eine Art und Weise, auf die man ein guter Lehrer ist, wer authentisch ist, der überzeugt und erreicht die Schüler. Ein Lehrer braucht Fach- und Sachkompetenz (neben den fachlichen Inhalten z. B. auch Medienkompetenz), fachdidaktische Kompetenz (Unterrichtsmethoden und die Fähigkeit, komplexe Sachverhalte zu vermitteln, Ziele setzen und Wege dorthin festlegen), Beziehungskompetenz (Empathie, Intuition und Konfliktfähigkeit), erzieherische Kompetenz (Führungskompetenz, persönliche Präsenz und die Fähigkeit zu motivieren, Mut zuzusprechen und Grenzen zu setzen), Gesprächskompetenz (Klarheit in der Sprache und Rhetorik, Kooperation mit Kollegen und Eltern), Organisationskompetenz (effektive Planung, Strukturierung, Zeiteinteilung und Kontrolle) und Selbstkompetenz (Stabilität, Motivation, Selbstvertrauen, geistige Flexibilität und die Fähigkeit und den Willen sich lebenslang fortzubilden und Neues zu lernen). Wenn sich das nicht wie ein Empfehlungsschreiben liest! Nach so einer Kandidatin würde sich so manch Personaler die Finger lecken.

Sammle gute Gespräche ohne Schule

Rede in dieser Woche mit mindestens fünf Menschen, länger als 30 Minuten, ohne das Thema Schule in den Mund zu nehmen. Oft ist man als Lehrerin nur von anderen Lehrern umgeben, teilweise auch noch mit einem verheiratet. So ist die Arbeit ständig präsent. Zudem ist Schule natürlich ein Thema, zu dem jeder eine Meinung hat und unendlich viel zu erzählen, sei es von den Kindern oder aus eigener Erfahrung. Suche ganz bewusst Gespräche, die mit Schule nichts zu tun haben. Das schafft Abstand und tut gut. Du hast schließlich ganz viele andere Interessen und Themen, die dich auch beschäftigen. Es ist auch völlig in Ordnung, zu sagen, „Heute habe ich keine Lust, über Schule zu sprechen", wenn andere das Gespräch darauf bringen.

Ratzfatz-Stoffbeutel
Maßgeschneidert und superpraktisch

Schluss mit verknickten Seiten und Eselsohren, weil der Stapel Klassenarbeiten im Stoffbeutel hin und her rutscht. Ratzfatz haben selbst Nähanfängerinnen diesen maßgeschneiderten Stoffbeutel genäht. Die Mustermaße sind für einen ca. 3 cm hohen Stapel DIN-A4-Hefte. Für andere Maße dein Transportgut abmessen und einfach seitlich und unten je 5 cm zugeben, oben 9 cm und eventuell die Quadrate, die an den unteren Ecken abgeschnitten werden, anpassen. Nimm einfachen Baumwollstoff. Auch dickere Stoffe sind möglich, die sind allerdings schwieriger zu nähen.

1. Zwei Rechtecke (31 x 44 cm) aus Stoff zuschneiden.
2. Unten an den Ecken 3 x 3 cm große Quadrate abschneiden (wenn dein Stapel höher ist, müssen die Quadrate entsprechend größer sein, wenn dein Beutel flacher werden soll, müssen die Quadrate kleiner sein).
3. Die Henkel zuschneiden und anschließend längsseitig in der Mitte falten und bügeln. Danach nochmal zur Mitte nach innen falten und wieder bügeln. Dann an beiden Seiten dicht am Rand entlang nähen.
4. Die beiden großen Stoffteile aufeinanderlegen mit den schönen Stoffseiten nach innen und an den Seiten und unten zusammennähen (jeweils 1 cm Abstand zur Kante). Die Ecken bleiben offen. Wenn du magst, kannst du die Nähte zusätzlich mit Zick-zack-Stich oder Overlook versäubern.

5. Anschließend die Ecken aufziehen, Naht auf Naht legen und zunähen.
6. Dann oben an der Beutelöffnung 2 cm einschlagen und bügeln. Dann nochmals 2 cm in dieselbe Richtung einschlagen und wieder bügeln.

7. Nun die Henkel an die gewünschte Position innen in die Falte legen und festnähen.
8. Dann Henkel nach oben klappen, mit Nadeln feststecken und am oberen Rand des Beutels einmal rundherum entlang nähen.
9. Umstülpen, fertig!

Tipps & Tricks

» Je weniger Näherfahrung du hast, desto wilder sollte das Muster sein, das du aussuchst. Das lenkt ab von nicht ganz geraden Nähten.

» Ordentliches Bügeln und das Feststecken mit Stecknadeln erleichtern dir das Nähen ungemein.

» Du kannst auch zwei verschiedene Stoff nehmen und sie für den Taschenbauch aneinandernähen. Zwei Drittel aus dem einen Stoffs unten und ein Drittel aus dem anderen Stoff oben ist eine schöne Verteilung.

» Der Kreativität sind keine Grenzen gesetzt! Verziere deine Tasche mit Knöpfen, Borten oder sogar Stoffdruck, z. B. mit aufgeschnittenen Äpfeln oder Buchstaben aus Kartoffeln geschnitzt (HITZEFREI, GROSSE PAUSE, HURRA).

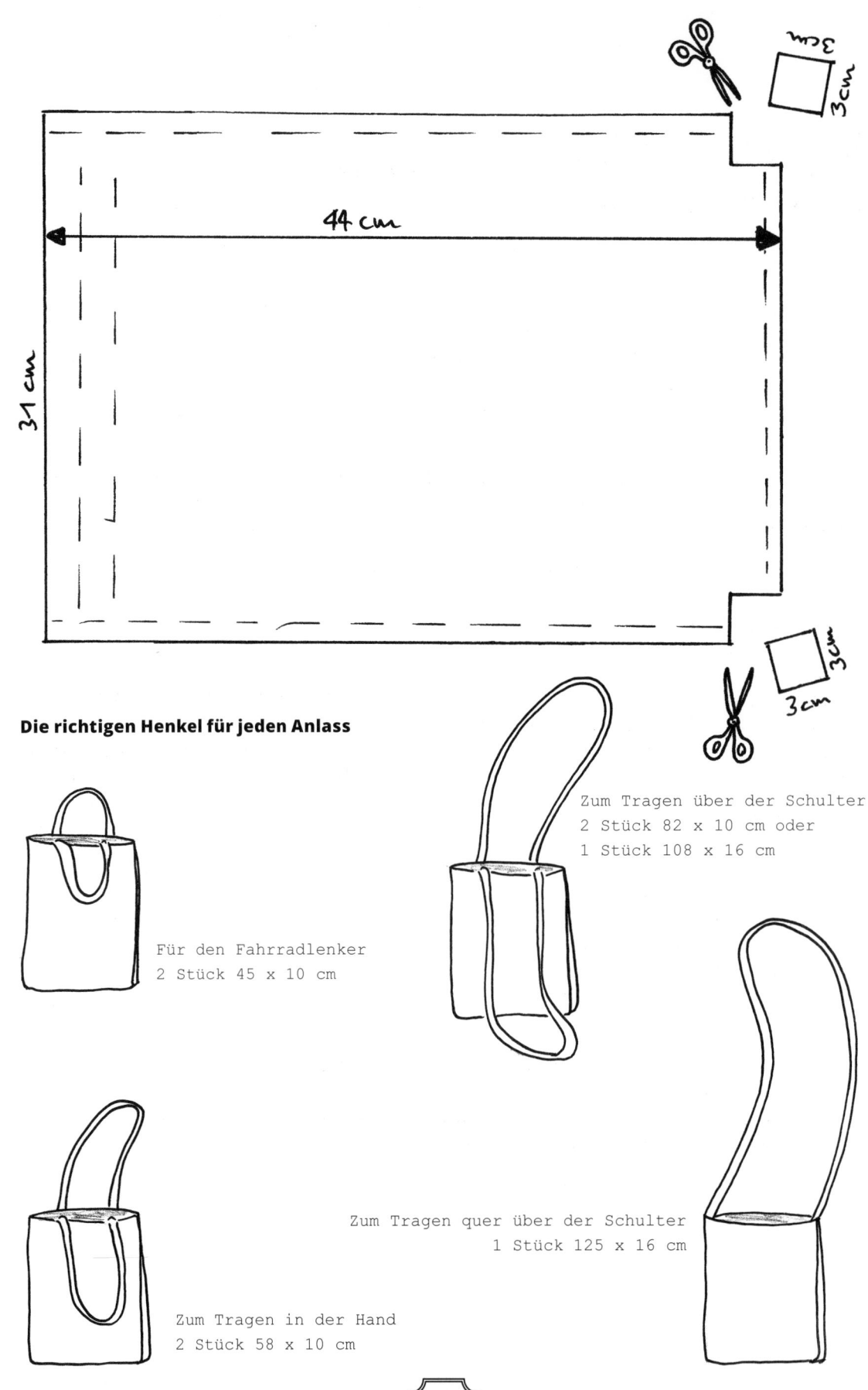

44 cm

31 cm

3 cm

3 cm

3 cm

3 cm

Die richtigen Henkel für jeden Anlass

Für den Fahrradlenker
2 Stück 45 x 10 cm

Zum Tragen über der Schulter
2 Stück 82 x 10 cm oder
1 Stück 108 x 16 cm

Zum Tragen quer über der Schulter
1 Stück 125 x 16 cm

Zum Tragen in der Hand
2 Stück 58 x 10 cm

Sei ein Vorbild!

Ein Monatsprojekt

Als Lehrerin bist du in deiner Stadt eine Person des öffentlichen Lebens und ein Vorbild, das lässt sich nicht leugnen. Versuche diese Rolle mal ganz neu zu füllen. Also nicht nur das Übliche, zuerst grüßen, kein Kaugummi auf den Boden spucken und im Straßenverkehr nicht pöbeln.

Überlege dir eine coole Aktion, mit der du bewusst Aufmerksamkeit erregst, bei deinen Schülern und, wenn sie davon erzählen, auch bei deren Eltern. Du kannst es auch im Rahmen deines Unterrichts zum Thema machen. Vielleicht hast du sogar Lust, einen Blog darüber zu schreiben.

» Kaufe dir ein schönes schlichtes Kleid in mehrfacher Ausführung und ziehe einen Monat nichts Anderes an, jeden Tag etwas anders gestylt mit verschiedenen Schuhen, Strumpfhosen, Tüchern, Schmuck usw. als Statement gegen Verschwendung und unsere Wegwerfgesellschaft.

» Versuche, einen Monat lang möglichst wenig Plastikmüll zu verursachen, entdecke Alternativen zum gewöhnlichen Supermarkt, mache Dinge selbst, z. B. Waschpulver im Chemieunterricht, und dokumentiere am Ende der Woche stolz deinen geschrumpften gelben Sack mit einem Foto.

» Ernähre dich einen Monat lang ohne Zucker. Entdecke, in welchen Lebensmitteln Zucker versteckt ist, wie sich ein zuckerfreies Leben anfühlt und zu welchen Tageszeiten du richtige Gelüste und schlechte Laune entwickelst und wie sich dagegen ansteuern lässt.

Mit diesen Projekten kannst du viel über Zusammenhänge und dich und deine Gewohnheiten lernen, Diskussionen anstoßen und andere zum Mitmachen inspirieren.

Yeah jippi yeah, endlich Sommerferien!

Das Lehrerinnen-Jahr ist getaktet in Schule und Ferien. Sei in der Schulzeit bei der Arbeit mit ganzem Herzen dabei. Sei in den Ferien, außer natürlich du bereitest vor, mit deiner ganzen Aufmerksamkeit in den Ferien. Sei mit ganzem Herzen bei der Sache, alles andere ist Energieverschwendung. Aber träumen ist erlaubt.

In diesen Ferien werde ich ...
- o sieben Kugeln Eis essen.
- o mir die ausführlichste Massage gönnen, die angeboten wird.
- o einen Tag lang schweigen.
- o unter freiem Himmel schlafen.
- o mir im Restaurant etwas empfehlen lassen.
- o jemanden anrufen, von dem ich schon Jahre nichts gehört habe.
- o eine Reitstunde nehmen.
- o so früh aufstehen, dass ich draußen den Sonnenaufgang sehen kann.
- o meine alten Lieblingslieder herauskramen, wieder mehr Musik hören und dazu tanzen!
- o Ball spielen auf dem Rasen und richtig schnell rennen.
- o Kopfstand lernen oder üben, ein Rad zu schlagen.
- o jeden Tag etwas verschenken.
- o morgens in eine Buchhandlung ein Buch kaufen und den ganzen Tag an verschiedenen Orten lesen, im Café, auf einem Hochsitz im Wald, bei offenem Fenster in der Badewanne.

- o absichtlich bei Regen spazieren gehen oder Fahrrad fahren.
- o ein neues Stadtviertel entdecken und einfach ziellos durch die Straßen schlendern.
- o mir jede Woche einen Blumenstrauß kaufen.
- o nachts lange aufbleiben und mich in der Wärme der Luft geborgen fühlen.
- o ein Kochbuch kaufen und von vorne bis hinten alle Rezepte ausprobieren.
- o ohne Reiseführer verreisen und mich treiben lassen.
- o jeden Tag ein Bild malen.

Schöne Ferien!
Sei mutig, probiere Neues und sei gut zu dir!